ENZYKLOPÄDIE
DEUTSCHER
GESCHICHTE
BAND 30

ENZYKLOPÄDIE
DEUTSCHER
GESCHICHTE
BAND 30

HERAUSGEGEBEN VON
LOTHAR GALL

IN VERBINDUNG MIT
PETER BLICKLE,
ELISABETH FEHRENBACH,
JOHANNES FRIED,
KLAUS HILDEBRAND,
KARL HEINRICH KAUFHOLD,
HORST MÖLLER,
OTTO GERHARD OEXLE,
KLAUS TENFELDE

BILDUNG UND WISSENSCHAFT IN DER FRÜHEN NEUZEIT 1650–1800

VON

ANTON SCHINDLING

R. OLDENBOURG VERLAG
MÜNCHEN 1994

Die Deutsche Bibliothek – CIP-Einheitsaufnahme

Enzyklopädie deutscher Geschichte / hrsg. von Lothar Gall in Verbindung mit Peter Blickle ... – München : Oldenbourg.
Literaturangaben
ISBN 3-486-53691-5
NE: Gall, Lothar [Hrsg.]

Bd. 30. Schindling, Anton: Bildung und Wissenschaft in der Frühen Neuzeit 1650–1800

Schindling, Anton:
Bildung und Wissenschaft in der Frühen Neuzeit 1650–1800 / von Anton Schindling. – München :
Oldenbourg, 1994
(Enzyklopädie deutscher Geschichte ; Bd. 30)
ISBN 3-486-55035-7 brosch.
ISBN 3-486-55036-5 Gewebe

Umschlaggestaltung: Dieter Vollendorf, München

Gesamtherstellung: R. Oldenbourg Graphische Betriebe GmbH, München

ISBN 3-486-55036-5 geb.
ISBN 3-486-55035-7 brosch.

Vorwort

Die „Enzyklopädie deutscher Geschichte" soll für die Benutzer – Fachhistoriker, Studenten, Geschichtslehrer, Vertreter benachbarter Disziplinen und interessierte Laien – ein Arbeitsinstrument sein, mit dessen Hilfe sie sich rasch und zuverlässig über den gegenwärtigen Stand unserer Kenntnisse und der Forschung in den verschiedenen Bereichen der deutschen Geschichte informieren können.

Geschichte wird dabei in einem umfassenden Sinne verstanden: Der Geschichte der Gesellschaft, der Wirtschaft, des Staates in seinen inneren und äußeren Verhältnissen wird ebenso ein großes Gewicht beigemessen wie der Geschichte der Religion und der Kirche, der Kultur, der Lebenswelten und der Mentalitäten.

Dieses umfassende Verständnis von Geschichte muß immer wieder Prozesse und Tendenzen einbeziehen, die säkularer Natur sind, nationale und einzelstaatliche Grenzen übergreifen. Ihm entspricht eine eher pragmatische Bestimmung des Begriffs „deutsche Geschichte". Sie orientiert sich sehr bewußt an der jeweiligen zeitgenössischen Auffassung und Definition des Begriffs und sucht ihn von daher zugleich von programmatischen Rückprojektionen zu entlasten, die seine Verwendung in den letzten anderthalb Jahrhunderten immer wieder begleiteten. Was damit an Unschärfen und Problemen, vor allem hinsichtlich des diachronen Vergleichs, verbunden ist, steht in keinem Verhältnis zu den Schwierigkeiten, die sich bei dem Versuch einer zeitübergreifenden Festlegung ergäben, die stets nur mehr oder weniger willkürlicher Art sein könnte. Das heißt freilich nicht, daß der Begriff „deutsche Geschichte" unreflektiert gebraucht werden kann. Eine der Aufgaben der einzelnen Bände ist es vielmehr, den Bereich der Darstellung auch geographisch jeweils genau zu bestimmen.

Das Gesamtwerk wird am Ende rund hundert Bände umfassen. Sie folgen alle einem gleichen Gliederungsschema und sind mit Blick auf die Konzeption der Reihe und die Bedürfnisse des Benutzers in ihrem Umfang jeweils streng begrenzt. Das zwingt vor allem im darstellenden Teil, der den heutigen Stand unserer Kenntnisse auf knappstem Raum zusammenfaßt – ihm schließen sich die Darlegung und Erörterung der Forschungssituation und eine entsprechend gegliederte Auswahlbibliographie an –, zu starker Konzentration und zur Beschränkung auf die zentralen Vorgänge und Entwicklungen. Besonderes Gewicht ist daneben, unter Betonung des systematischen Zusammenhangs, auf die Abstimmung der einzelnen Bände untereinander, in sachlicher Hinsicht, aber auch im Hinblick auf die übergreifenden Fragestellungen, gelegt worden. Aus dem Gesamtwerk lassen sich so auch immer einzelne, den jeweiligen Benutzer besonders interessierende Serien zusammenstellen. Ungeachtet dessen aber bildet jeder Band eine in sich abgeschlossene Einheit – unter der persönlichen Verantwortung des Autors und in völliger Eigenständigkeit gegenüber den benachbarten und verwandten Bänden, auch was den Zeitpunkt des Erscheinens angeht.

Lothar Gall

Inhalt

Vorwort des Verfassers 1

I. Enzyklopädischer Überblick 3

Die Bildungslandschaften des Reiches 1650–1800

1. Habsburgische Länder 3
2. Bayern, Franken, Schwaben 9
3. Rheinlande, Hessen, Westfalen 17
4. Welfische Lande, Küstenländer 24
5. Sachsen, Thüringen, Anhalt 30
6. Brandenburg-Preußen 37
7. Bildungsgeschichtliche Entwicklungslinien im Vergleich 44

II. Grundprobleme und Tendenzen der Forschung 49

1. Wissenschaftliche Neuorientierung an den Universitäten: Reform oder Neugründung? 49
2. Alternativen zur Universität? – Hof, Kloster, Stadt, Akademiebewegung 63
3. Nützliches Wissen für Staat, Ökonomie und Lebenspraxis 70
4. Ein pädagogisches Jahrhundert? – Gymnasium und Volksschule, Lesen und Schreiben . . 77
5. Eine Internationale des Geistes? – Europäische Bildung und klassisches Altertum 89
6. Vom ‚Barock' zur ‚Spätaufklärung'? – Das Problem der Periodisierung 99

III. Quellen und Literatur 105

A. Quellen 105

B. Literatur 107

1. Handbücher, Bibliographien 107
2. Allgemeine Geistes- und Wissenschaftsgeschichte . . 109

3. Persönlichkeiten des geistigen Lebens 112
4. Universitäten 115
5. Akademien, Gelehrte Gesellschaften, Klöster, städtische Bildung 119
6. Nützliche Wissenschaften 122
7. Gymnasien, Volksschulen, Volksbildung, geistliche und weltliche Lehrer 123
8. Europäische Bildungsbeziehungen 127

Register 131

Themen und Autoren 145

Georges Livet, Francis Rapp, Jean Rott –
drei Straßburger Historikern gewidmet

Vorwort des Verfassers

Dieses Buch entstand in den Jahren 1991 und 1992 in Osnabrück und Frankfurt am Main. Für günstige Arbeitsbedingungen, Unterstützung, Beratung und Anregung ist einer Reihe von Kollegen zu danken: In Osnabrück Klaus J. Bade, Klaus Garber und Manfred Rudersdorf, in Frankfurt Lothar Gall, Notker Hammerstein und Ulrich Muhlack. Die Frankfurter Kollegen ermöglichten mir die Arbeit in der Bibliothek des Historischen Seminars in der vorlesungsfreien Zeit und während eines Forschungsfreisemesters. Peter Baumgart (Würzburg) und Harald Dickerhof (Eichstätt) haben die hier vorgetragene Interpretation in langen Gesprächen mit mir erörtert; was dieses Buch Notker Hammerstein an Grundlegendem verdankt, läßt die Zahl der Zitationen im Text ermessen. Wertvolle Hinweise zu einzelnen Fragen gaben Alwin Hanschmidt (Vechta), Wolfgang Neugebauer (Berlin), Hans-Jürgen Pandel (Osnabrück), Volker Press (Tübingen), Heribert Smolinsky (Freiburg im Breisgau) und Walter Ziegler (München). Horst Möller hat als zuständiger Herausgeber der „Enzyklopädie deutscher Geschichte" mein Manuskript einer sorgfältigen Durchsicht unterzogen und seine eigenen Forschungen eingebracht, Lothar Gall als Hauptherausgeber der Reihe half, dem Text „letzten Schliff" zu verleihen. Seitens des Oldenbourg Verlags hat Adolf Dieckmann das Manuskript als Lektor engagiert betreut. Allen Genannten sei an dieser Stelle sehr herzlich gedankt.

Für das Schreiben des Textes auf PC, das Korrekturlesen und das Erarbeiten des Registers danke ich meiner Sekretärin Ingrid Schilling sowie den Hilfskräften Uwe Alschner, Oliver Altmann, Matthias Asche, Jens Bruning und Christian Hoffmann. Die für den Forschungsbericht notwendigen Bücher konnte ich in Frankfurt im Historischen Seminar, in der Universitätsbibliothek und der Deutschen Bibliothek sowie in Osnabrück in der Universitätsbibliothek benützen.

Meine Beschäftigung mit Bildung und Wissenschaft in der Frühen Neuzeit reicht jetzt 25 Jahre zurück – bis in die Anfänge der Arbeit an meiner Dissertation über die Straßburger Hochschule im 16. und frühen 17. Jahrhundert. Das Forschungsfeld der Bildungsgeschichte hat in den Jahren seither verstärktes Interesse gefunden – sowohl innerhalb der „Historikerzunft" als auch interdisziplinär. Der vorliegende Band bezeugt dies: Es handelt sich um den ersten Versuch einer konzentrierten handbuchmäßigen Zusammenfassung. Entsprechend waren manche konzeptionellen Schwierigkeiten und Klippen zu überwinden, wobei mir der Austausch mit Horst Möller sehr half.

Als ich 1969 als 22jähriger Student in Straßburg mit den Archiv- und Bibliotheksstudien für meine Dissertation begann, hat mich der Kontakt mit der modernen französischen Geschichtswissenschaft ermutigt, Wege zu beschreiten, die damals noch eher am Rande des vorherrschenden Fachinteresses lagen. Dieser Band ist drei Straßburger Historikern der älteren Generation gewidmet, die mich in mannigfacher Weise anregten und unterstützten und die zum Erfolg meiner Dissertation gerade auch im Elsaß wesentlich beitrugen: Georges Livet, Francis Rapp und Jean Rott. Die Widmung versteht sich als eine dankbare Reverenz gegenüber den drei verdienten Gelehrten, aber auch gegenüber einer Stadt, von deren Rolle im deutsch-französischen Kulturaustausch der Frühen Neuzeit in den folgenden Zeilen öfter die Rede ist. Was wäre die deutsche Bildungs- und Wissenschaftsgeschichte ohne die interkulturelle Dimension, ohne den Beitrag der europäischen Nachbarn? Die heute bedrängend aufgeworfene Frage nach dem „Fremden" und dem „Eigenen" ist auch eine Frage an die abendländische Bildungstradition jenseits der nationalen Engführungen des 19. Jahrhunderts. Hierin gründet die Aktualität der Beschäftigung mit Bildung und Wissenschaft in der Frühen Neuzeit.

Osnabrück, im Sommer 1993 Anton Schindling

PS: Am 16. Oktober 1993 verstarb in Tübingen mein Freund *Volker Press,* dem meine Konzeption von deutscher Geschichte in der Frühen Neuzeit, wie sie auch in diesem Band zum Ausdruck kommt, Entscheidendes verdankt. Das Erscheinen dieses Buches sei deshalb mit einem stillen Gedenken an ihn verbunden.

I. Enzyklopädischer Überblick

Die Bildungslandschaften des Reiches 1650 bis 1800

In dem territorial vielgestaltigen Alten Reich gab es kein einheitliches Bildungs- und Wissenschaftssystem, sondern, neben vielfältigen regionalen Differenzierungen, die beiden konkurrierenden Bildungssysteme der katholischen und der protestantischen Tradition. Die Institutionen für Bildung und Wissenschaft waren, soweit nicht mittelalterlichen Ursprungs, nach der Reformation vor allem im Zeichen der Konfessionalisierungsprozesse entstanden. Die konfessionell geprägten Schulen und Universitäten blieben das Fundament der deutschen Bildungs- und Wissenschaftsgeschichte bis zum Umbruch um 1800; man kann sie adäquat nur in der regionalen Verschiedenheit der deutschen Länder und Städte darstellen.

Bildungssysteme katholischer und protestantischer Tradition

1. Habsburgische Länder

In den Territorien der österreichischen Habsburger, zu denen 1714 die südlichen Niederlande hinzukamen, gab es alte Universitäten in Prag (gegründet 1348), Wien (1365), Löwen (1425), Freiburg im Breisgau (1457), Olmütz (1576) und Graz (1586). Außerdem wurden Universitäten in Innsbruck (1677), Breslau (1702), Trnava/Tyrnau (1769, 1777 nach Buda/Ofen verlegt) und Lemberg (1784) neu gegründet. Außer Löwen und Lemberg waren diese Universitäten in ihren Philosophischen und Theologischen Fakultäten vom Jesuitenorden geprägt, bis dieser 1773 durch Papst Clemens XIV. aufgelöst wurde. Allerdings gab es an manchen Theologischen Fakultäten neben den Jesuitenprofessoren auch einzelne Professoren aus anderen Orden; nach Auflösung des Jesuitenordens wurden die freien Stellen meistens von anderen Regularklerikern eingenommen (Benediktiner, Augustiner-Chorherren). Die Konkurrenz der geistlichen Orden war auch für das gymnasiale Schulwesen kennzeichnend. Im Gefolge der katholischen Reform und der Gegenreformation kam

Jesuiten an Universitäten und Gymnasien

es in größeren Städten der österreichischen Länder, gefördert durch die Habsburger, fast überall zur Gründung von Jesuitenkollegien, die mit ihren Gymnasien erfolgreich für die katholische Erziehung der Laien, besonders der adeligen und bürgerlichen Eliten, wirkten. Diese Jesuitenkollegien mit ihrem standardisierten Kurs in scholastischer Philosophie konnten in einzelnen Fällen, so in Linz und Trnava, einen universitätsähnlichen Ausbau erreichen.

Daneben existierten Schulen der alten Stifte und Klöster, die im 17. und 18. Jahrhundert in Konkurrenz zu den Jesuiten ausgebaut wurden. Vor allem die Benediktinerabteien sind zu nennen, die ihr wissenschaftliches Zentrum außerhalb der habsburgischen Territorien in der Benediktiner-Universität Salzburg (1622) hatten. In großen Stiften entstanden wissenschaftliche Einrichtungen wie Sternwarten, Naturaliensammlungen und vor allem Bibliotheken (Kremsmünster, Melk, Göttweig, Admont, St. Blasien). Der Ordensgeistliche als Wissenschaftler und Lehrer blieb in der österreichischen Bildungsgeschichte ein prägender Persönlichkeitstypus: Die Aufklärung und die Aufhebung der kontemplativen Klöster durch Joseph II. bewirkten keinen grundlegenden Wandel; jedoch traten an die Stelle der jesuitischen Latinität und Neuscholastik jetzt aufgeklärte Formen des Denkens mit Betonung der Geschichte und eine Hinwendung zur Volkssprache. Unter den neuen Orden gewann der Schulorden der Piaristen im 18. Jahrhundert Bedeutung. Die Piaristen, die sich sowohl um das elementare als auch das gymnasiale Schulwesen kümmerten, wurden gefördert, um ein Gegengewicht gegen die allzu mächtig gewordenen Jesuiten zu schaffen.

Ordensgeistliche als Wissenschaftler und Lehrer

Die Expansionsphase des katholischen Bildungswesens in den österreichischen Ländern waren das 17. Jahrhundert und das frühere 18. Jahrhundert im Zeichen einer späten katholischen Konfessionalisierung, die die Grundlagen für das österreichische Barock schuf. Ein relativ enges Netz von Schulen, Universitäten und Bibliotheken sicherte jetzt Bildung und Ausbildung für Kleriker und für Laien. Die Aufklärung seit der Mitte des 18. Jahrhunderts brachte keine vergleichbare Expansion im Bereich der gelehrten Bildung, sondern Reduktionen. Unter Joseph II. wurden die Voll-Universitäten auf Wien, Prag, Freiburg, Löwen, Buda und das neugegründete Lemberg beschränkt. Die bisherigen Universitäten in Innsbruck, Graz und Olmütz (verlegt nach Brünn) wurden zu Lyzeen zurückgestuft, wo Recht und Medizin nur in begrenztem Umfang gelehrt wurden; auch in Linz gab es ein solches Lyzeum. Die Zahl der Studenten wurde durch Einführung von Studiengeld bewußt reduziert,

Von später katholischer Konfessionalisierung zum Josephinismus da die Hochschulen nach Ansicht Josephs nur den notwendigen Bedarf an Staatsbeamten ausbilden sollten.

Nach der Niederlage der protestantischen Stände im früheren 17. Jahrhundert gab es keine ständische Bildungspolitik mehr, die in Konkurrenz zum Landesherrn stand; die protestantischen Landschaftsschulen wurden durch die Gegenreformation geschlossen (Linz, Graz, Klagenfurt, Laibach, Loosdorf) – freilich blieb die Erinnerung an die hohe Qualität dieser Schulen ein Ansporn, vor allem für die Jesuiten, katholischerseits durch pädagogische und wissenschaftliche Leistungen für ein attraktives Bildungsangebot zu sorgen. Einen Sonderfall bildeten die protestantischen Teile Schlesiens, wo sich ein evangelisches Schulwesen behauptete (Breslau mit Magdalenen- und Elisabethgymnasium, Brieg).

Protestanten in Schlesien

Der Adel fügte sich nach dem Dreißigjährigen Krieg dem System der katholischen und höfischen Bildung ein – mit gelegentlicher Bereitschaft, für sich selbst nonkonformistische Auffassungen zu tolerieren und diesen einen unzensierten Platz in Schloßbibliotheken einzuräumen (Jansenismus, Freimaurerei, kirchenkritische Aufklärung). Es gab Beispiele für „adeliges Landleben und europäischen Geist", wie ein Buchtitel von Otto Brunner lautet (1949) (Wolf Helmhard von Hohberg), es gab Förderer des Jansenismus (Franz Anton von Sporck), Repräsentanten des Wiener Hofes mit weitem Bildungshorizont (Wenzel Anton von Kaunitz), und es gab eine Gründungswelle von Ritterakademien, in denen Elemente humanistisch-gelehrter Bildung mit einem weltläufigen aristokratischen Erziehungsprogramm verbunden wurden (Theresianum und Savoyische Ritterakademie in Wien, Kremsmünster, Liegnitz, Olmütz). Zur barocken Adelserziehung gehörten auch große Kavalierstouren, vor allem in romanische katholische Länder. Internationalität der Bildung und Kultureinflüsse aus Italien, Spanien und Frankreich waren für die österreichischen Länder im Zeitalter des Barock und der Aufklärung kennzeichnend. Maßstäbe hierfür setzte der kaiserliche Hof in Wien, an dem spanisches Hofzeremoniell galt und wo zunächst unter Leopold I. das Italienische und dann seit Franz I. das Französische als Sprachen für Korrespondenz und Lektüre eine Rolle spielten. Wichtige italienische Staaten gehörten im 18. Jahrhundert ohnehin zum österreichischen Länderkomplex (Mailand, Toskana). Italienische Sprache und Kultur wurden auch durch die Anwesenheit zahlreicher Italiener in Wien sowie durch Theater und Oper gefördert. Am kaiserlichen Hof entstand eine der größten Bibliotheken des Alten Reiches, die von Leopold I. durch

Barocke Adelsbildung

Wiener Kaiserhof und internationale Hofkultur

Aufkäufe ausgebaut (Bibliothekar Peter Lambeck), dann durch die nachgelassene Bibliothek des Prinzen Eugen hervorragend vermehrt wurde und durch Karl VI. den Prunkbau von Johann Bernhard Fischer von Erlach als architektonischen Rahmen erhielt.

Akademiebewegung in habsburgischen Hauptstädten

Trotz der Offenheit des Hofes für Bildung und Wissenschaft und trotz Bemühungen von Leibniz und Klopstock kam es in Wien nicht zur Gründung einer Akademie – ein eigentümlicher Rückstand der Kaiserresidenz gegenüber außerösterreichischen Residenzen des Reiches kündigte sich hier an. In den österreichischen Niederlanden gründete Maria Theresia 1772 die Brüsseler Akademie, an deren Entstehen ihr Schwager Karl Alexander von Lothringen maßgeblichen Anteil hatte; als Berater wirkte der Straßburger Geschichtsprofessor Schöpflin mit. Mehr private Gelehrtensozietäten als staatliche Akademien waren die „Societas Incognitorum" in Olmütz (1746) und die „Böhmische Gesellschaft der Wissenschaften" in Prag (1784), beide mit einer starken Beteiligung von Ordensgeistlichen.

Wiener Gelehrte des Barock und der Aufklärung

Die Kaiserstadt Wien zog zahlreiche Gelehrte und originelle Köpfe an; so z. B. die Kameralisten Philipp Wilhelm Hörnick, Christoph de Royas y Spinola, Wilhelm Schröder, Johann Joachim Becher, Johann Heinrich Gottlob Justi (Tätigkeit an der Theresianischen Ritterakademie) und den vielseitig schriftstellerisch hervortretenden Joseph von Sonnenfels. Dieser, Professor an der Wiener Universität, mit Einfluß am Hof, wurde zu einem maßgebenden Repräsentanten der Aufklärung in Österreich. Neben ihm sind hervorzuheben der Leibarzt Maria Theresias, Gerard von Swieten, ein holländischer Katholik, der Reformer des Medizinstudiums in Wien, und sein Sohn Gottfried van Swieten, der Reformer des Elementarschulwesens unter Joseph II. Die theresianischen und josephinischen Reformen zogen Männer der Bildung und Wissenschaft nach Wien: Neben den bereits genannten seien Franz Stephan Rautenstrauch OSB, der Reformer des Theologiestudiums, und vor allem Johann Ignaz Felbiger, ein Augustiner-Chorherr, der Vater der theresianischen Volksschule, erwähnt.

Geistige Blüte der theresianisch-josephinischen Reformära

Zu der geistigen Blüte der Reformära trugen auch die Wiener Natur-, Staats- und Kirchenrechtslehrer Paul Joseph Riegger und Karl Anton Martini sowie in Prag der Poesieprofessor Karl Heinrich Seibt und die böhmischen Landeshistoriker Felix Gelasius Dobner (Piarist), Franz Martin Pelzel und Joseph Dobrovsky bei, ferner der Kirchenhistoriker Matthias Dannenmayer in Freiburg und Wien und der Historiker Michael Ignaz Schmidt als Leiter des kaiserlichen Archivs. Wien und Prag waren – trotz mancher Einschränkungen durch die Zensur – bedeutende Druck- und Verlagsorte. Die Klostergelehrsamkeit wurde – beeinflußt durch die französischen Mauriner – für die Ausbildung der geschichtlichen Hilfswissenschaften, vor allem für die Diplomatik, wichtig: Hier sind die Benediktiner Gottfried Bessel in Göttweig, der „deutsche Mabillon", die Gebrüder Bernhard und Hieronymus Pez in Melk sowie Marquard Herrgott und Martin Gerbert in St. Blasien zu nennen.

Auswärtige Bildungsbeziehungen: Salzburg, evangelisches Deutschland, Belgien, Italien

Salzburg spielte für den benediktinischen Bereich als außerösterreichisches geistiges Zentrum eine ähnliche Rolle wie (unter anderen Bedingungen) die protestantischen mitteldeutschen Universitäten für die evangelischen Schlesier. Die österreichischen und böhmischen Länder waren durch Bildungsbeziehungen vielfach mit binnendeutschen Gebieten verwoben, dies galt auch über die Konfessionsgrenze hinweg. Es gab im späteren 17. und im 18. Jahrhundert zahlreiche Konvertiten aus dem evangelischen Deutschland, die an evangelischen Universitäten studiert hatten und zum Katholizismus übertraten, um in Wien Karriere zu machen (Bartenstein, Haugwitz, Beck); ebenso wie auch einzelne katholische Aristokraten aus habsburgischen Ländern protestantische Universitäten aufsuchten (Kaunitz in Leipzig). Ein spezifisch westeuropäischer Einfluß, nämlich jansenistische Gedanken und ein gallikanisch beeinflußtes Staatskirchenrecht, kam aus den österreichischen Niederlanden, vor allem von der Universität Löwen (Jan Opstraet, Zeger Bernard van Espen). Hinzu traten Einflüsse aus Italien gerade im Bereich der kirchlichen Bildung (Ludovico Antonio Muratori). An der Basis der Gesellschaft gab es zur Unterstützung des bäuerlichen Geheimprotestantismus in den österreichischen und böhmischen Ländern eine geheime Schriftenmission, vor allem durch die Halleschen Pietisten.

Hochdeutsche Sprachreform und nichtdeutsche Volkssprachen

Die Aufklärung in Wien – mit Sonnenfels als Exponent (Wochenschrift „Der Mann ohne Vorurtheil") – bemühte sich um Durchsetzung der hochdeutschen Schriftsprache, vor allem mit Blick auf das Theater und die Gesetzes- und Verwaltungssprache. Ein entsprechendes Engagement für die deutsche Dichtung bestimmte Seibt in Prag. Joseph II. verstand die deutsche Sprache als Instrument seiner aufgeklärten Reform, gleichzeitig bemühten sich die josephinischen Kirchen- und Bildungsreformer auch um die nichtdeutschen und nichtmagyarischen, vor allem slawischen Volkssprachen der Monarchie. Für die Entwicklung dieser Sprachen zu Schriftsprachen wurde in den kirchlichen Generalseminaren Josephs II. und in den Normalschulen wesentliches getan (Grammatik, Postille, Gebetbuch).

Aufgeklärte Reformen in Universität und Kirche

Die theresianisch-josephinische Aufklärung hatte eine ausgesprochen praktische Zielrichtung. So reformierte in Wien van Swieten das Medizinstudium nach der klinischen Studienmethode, die sein Lehrer Boerhaave in Leiden eingeführt hatte; und an den Theologischen Fakultäten wurden als neue, nichtspekulative Disziplinen Kirchengeschichte und Pastoraltheologie vorgeschrieben (Lehrbücher von Dannenmayer und Franz Giftschütz). Das Rechtsstudium erneuerten Riegger und Martini – nach dem Vorbild protestantischer Universitäten – im Sinne des historisch fundierten Reichsstaatsrechts, des Naturrechts und des territorialistischen Staatskirchenrechts; die Policey- und Kameralwissenschaften erhielten durch Justi und Sonnenfels an den Wiener Lehranstalten eine starke Stellung. Die kirchliche Reform des Josephinismus war in wesentlichen Teilen theologische Ausbildungsreform und Seelsorgereform, sie begründete ein neues Rollenverständnis des katholischen Pfarrklerus als aufgeklärte Seelsorger und Volkserzieher.

Reform der Elementarschule unter Maria Theresia und Joseph II.

Der Praxisbezug der Aufklärung wird in der groß angelegten Reform des Elementarschulwesens unter Maria Theresia und Joseph II. deutlich. Wenn auch Maria Theresia dezidiert feststellte, daß die Schule für sie „allzeit ein politicum" sei und damit eine staatliche Aufgabe, so wurzelte die Volksschulreform doch auch in religiösen Impulsen einer spezifisch katholischen Aufklärung: Die Verbesserung und Intensivierung des Elementarschulwesens sollte nicht zuletzt einem verbesserten Religionsunterricht des einfachen Volkes dienen. Felbiger hielt sich in seiner Allgemeinen Schulordnung von 1774 an preußisch-schlesische Muster. Sein Reformmodell brachte die Einführung von Normalschulen, das heißt von Musterschulen für die Lehrerausbildung – ein entscheidender Schritt zur professionalisierten Ausbildung der Lehrer war damit getan. Felbigers Normalschulsystem wurde in allen Ländern der habsburgischen Monarchie seit den 1770er Jahren eingeführt. Er selbst verfaßte Lehr- und Lernbücher für seine Normalschul-Lehrart und gründete einen Schulbuchverlag in Wien.

Normalschulen und Normalschul-Lehrart

Mit der Normalschul-Lehrart wirkte das theresianisch-josephinische Österreich bis weit in die katholischen Reichsteile hinein. In Böhmen war die Elementarschulreform besonders intensiv – nicht zuletzt zum Nutzen des tschechischen Bevölkerungsteils. Hier entwickelte der Reformpolitiker Ferdinand Kindermann den besonderen Typ der „Industrieschule", in der Kinder neben den Kulturtech-

Industrieschulen in Böhmen

niken Lesen, Schreiben und Rechnen sowie dem Religionsunterricht auch die Erziehung zur „Industriosität", zu handwerklicher Arbeit, vermittelt bekamen (Spinnschulen). Kindermann wurde in Anerkennung seiner Verdienste als Ritter von Schulstein nobilitiert. Im Volksschulbereich ebenso wie in dem Kirchensystem des Josephinismus und der dieses tragenden Geisteshaltung hinterließ die Reformära des aufgeklärten Absolutismus bleibende Spuren in den habsburgischen Ländern.

Während Österreich und Böhmen am Ausgang des 18. Jahrhunderts eine führende Stellung im Elementarschulbereich – und auf dem ganz anderen Feld der Musikkultur (Wiener Klassik) – beanspruchen konnten, galt dies nicht für den Bereich der Universitäten und der wissenschaftlichen Bildung. Hier entstand im Laufe des 18. Jahrhunderts ein Vorsprung der protestantischen deutschen Länder – die Geringschätzung Josephs II. und des Josephinismus für die Universitäten im Gegensatz zur geförderten nützlichen Ausbildung und Volksaufklärung sowie die Tendenz zu einem rigorosen Etatismus in der Hochschulreform wirkten sich im geistigen Wettbewerb nachteilig aus. Bereits die Weichenstellungen des 18. Jahrhunderts führten dahin, daß Österreich im frühen 19. Jahrhundert der Berliner Universitätsneugründung mit ihrer wirkungsmächtigen Verbindung von Neuhumanismus und Idealismus nichts entgegenzusetzen hatte. Nach dem Abbruch der Reformen Josephs II. ließen in der franziszeischen Ära Restauration und bürokratischer Spätjosephinismus auch Wissenschaft und Bildung in geistiger Windstille verharren. Die Reformen hatten den Josephinismus als eine aufgeklärt-katholische Geisteshaltung dauerhaft in Alltag und Mentalität breiter Kreise, vor allem in Beamtenschaft, Bürgertum und Geistlichkeit, verankert und mit dem Erwecken der Nationalitäten dynamische Kräfte für die Zukunft ins Leben treten lassen.

Wettbewerb Österreichs mit protestantischen deutschen Ländern

2. Bayern, Franken, Schwaben

Katholische Universitäten und Gymnasien, Jesuiten und Benediktiner

Im Kurfürstentum Bayern und in den geistlichen Fürstentümern der Reichskirche im Bayerischen, Fränkischen und Schwäbischen Reichskreis verlief die Entwicklung in vielem parallel zu den habsburgischen Territorien. Die katholischen Universitäten in Ingolstadt (1472), Dillingen (1551), Würzburg (1582) und Bamberg (1648) waren bis 1773 von den Jesuiten geprägt, die auch das gymnasiale Schulwesen mit großen Kollegien dominierten (München, Augsburg, Regensburg, Konstanz, Ellwangen). Eine Alternative boten vor allem die Benediktiner: Die Benediktiner-Universität Salzburg (1622) wurde von einem Verbund bayerischer, schwäbischer und österreichischer Abteien getragen. Neben dem kurfürstlichen Hof in München, der mit den Jesuiten kooperierte, entfaltete der bayerische Prälatenstand eigenständige Initiativen im Feld von Bildung und Wissenschaft, dies in Gemeinschaft mit den benachbarten reichsunmittelbaren Klöstern. Es gab eine benediktinische Ritterakademie in Ettal, und es gab Ansätze zu einem benediktinischen, auf Salzburg ausgerichteten Schulwesen (Zwiefalten mit Gymnasium in Ehingen). Unter den Fürstbischöfen läßt sich bei den Angehörigen der Familie Schönborn eine Tendenz beobachten, Gegengewichte gegen den Jesuitenorden zu schaffen: Johann Philipp von Schönborn vertraute das Würzburger Priesterseminar der Weltpriesterkongregation der Bartholomäer an, und sein Großneffe Friedrich Karl von Schönborn berief 1731 mit Johann Adam Ickstatt einen Vertreter der Aufklärungsjurisprudenz an die Universität Würzburg, der das Naturrecht und eine geschichtliche Betrachtungsweise des Reichsstaatsrechts vertrat.

Universitäten Würzburg und Ingolstadt

Ickstatt wurde eine Schlüsselfigur für die Ausbreitung der Aufklärung im katholischen Süden des Reiches und für den Kampf gegen das scholastische Ausbildungssystem der Jesuiten. In Würzburg gab er entscheidende Anstöße; hier standen in der Folge der Kanonist Johann Kaspar Barthel und der Historiker Michael Ignaz Schmidt („Geschichte der Deutschen"), der später nach Wien ging, für ähnliche Grundauffassungen ein. 1741 folgte Ickstatt als Lehrer des Kurprinzen Max Joseph einem Ruf nach Bayern, wo er seit 1746 als Professor an der Universität Ingolstadt wirkte. Ickstatt geriet in heftige Konflikte mit den Jesuiten wegen der Verwendung protestantischer Lehrbücher im Universitätsunterricht, wobei jedoch sein ehemaliger Schüler, Kurfürst Max III. Joseph, ihn deckte. Daß Max Joseph als Reichsvikar 1745 Ickstatt und vor allem dessen berühmten Lehrer, den protestantischen Naturrechtsphilosophen Christian Wolff, in den Reichsfreiherrenstand erhob, war ein bildungspolitisches Signal für die katholischen Reichsteile.

Höhepunkt katholischer Aufklärung nach Aufhebung des Jesuitenordens

Die Aufhebung des Jesuitenordens 1773 besiegelte auch in Kurbayern und in den geistlichen Staaten (außer in Salzburg, wo die Jesuiten nie Fuß gefaßt hatten) das Ende einer bildungsgeschichtlichen Epoche. Die theologischen Professuren wurden in Ingolstadt von Angehörigen anderer Orden, in Würzburg in der Mehrzahl von Weltgeistlichen übernommen. In Ingolstadt prägten auch weiterhin aufgeklärte Juristen, die Ickstatt-Schüler Johann Georg Lori und Adam Weishaupt, das Profil der Universität. Die fürstbischöflichen Universitäten erwiesen sich vor allem als Wirkungsstätten aufgeklärter Theologen, so Franz Oberthür, Franz Berg und Maternus Reuß OSB in Würzburg und der junge Johann Michael Sailer in Dillingen. Die am weitesten gehende Öffnung der katholischen Theologie zu aufklärerischen Positionen des protestantischen Denkens gab es in Würzburg: Berg wurde wegen seiner versteckten Infragestellung dogmatischer Lehren als der „fränkische Voltaire" bezeichnet; Reuß wurde zum Propagator der Philosophie Kants, die der Skeptiker Berg allerdings bekämpfte. Vertreter eines katholischen Kantianismus gab es auch in Bamberg, Dillingen (Sailer) und Salzburg sowie in der Benediktinerabtei Banz. Eine kritische Auseinandersetzung mit Kant führte in Ingolstadt der Ex-Jesuit Benedikt Stattler, der Lehrer Sailers.

Münchener Akademie

Ein neues Zentrum geistigen Lebens entstand 1759 mit der Gründung der Kurbayerischen Akademie der Wissenschaften durch Kurfürst Max III. Joseph. Maßgebend für den Aufbau der Akademie war Lori als ihr Sekretär. Die Akademie bündelte die wissenschaftlichen Aktivitäten in den Klöstern der alten Orden, die sich der Aufklärung, der naturwissenschaftlichen und der geschichtlichen Forschung geöffnet hatten. Hier sind hervorzuheben das Augustiner-Chorherrenstift Polling, die Wirkungsstätte von Eusebius Amort und Franz Töpsl mit einer der größten Klosterbibliotheken, das Schottenkloster in Regensburg mit dem schottischen Benediktiner Ildephons Kennedy, dem Nachfolger Loris als Sekretär der Akademie, sowie die reichsunmittelbare Benediktinerabtei St. Emmeram in Regensburg mit den Gelehrten Frobenius Forster und Roman Zirngibl. Im Rahmen der aufgeklärten Akademie wurden nicht nur die ältesten Geschichtsquellen Bayerns gesammelt und ediert *(Monumenta Boica)*, sondern es wurden auch öffentlichkeitswirksame Debatten geführt: 1766 trat Peter von Osterwald unter dem Pseudonym Veremund von Lochstein als Anwalt eines territorialistischen Staatskirchenrechts hervor, indem er den naturrechtlich fundierten Territorialismus des zeitgenössischen protestantischen Staatskirchenrechts auf katholische Verhältnisse übertrug. Im selben Jahr 1766 wandte sich der Theatiner-Chorherr Ferdinand Sterzinger in einer Akademierede gegen den fortwirkenden Hexenglauben, um in der Folge auch gegen volkstümliche Exorzismuspraktiken Stellung zu nehmen. Am Ende des 18. Jahrhunderts war Lorenz Westenrieder der führende Kopf der Akademie; er wirkte als gelehrter

Öffentliche Wirksamkeit der Münchener Akademie

Publizist und Historiker stark in die Öffentlichkeit und engagierte sich für die Weckung eines geschichtlich fundierten Landesbewußtseins.

Nach dem Regierungswechsel von 1777/78 gewannen unter Kurfürst Karl Theodor von Pfalz-Bayern aufklärungsfeindliche Kräfte in München Einfluß. Einen Gegenpol zu dieser antiaufklärerischen Reaktion bildete der Geheimbund der Illuminaten, den Weishaupt 1776 in Ingolstadt gegründet hatte. Die Aufdeckung des Ordens führte 1784 zum Verbot von Geheimgesellschaften durch den Kurfürsten, zur Suspendierung Weishaupts und zu einer Illuminatenverfolgung, der Weishaupt sich durch Flucht nach Sachsen-Gotha entzog. Der Illuminaten-Orden war die radikalste Ausprägung der Aufklärung in Bayern; seine kurze Geschichte blieb aufgrund der Bedeutung einzelner Mitglieder (Knigge, Montgelas) mehr als eine Episode. Als Gegner der Illuminaten trat Johann Kaspar Lippert, Akademiemitglied, Jurist und Historiker, hervor.

Illuminatenorden und Illuminatenverfolgung

Aufgeklärte Bildungsreform in den geistlichen Fürstentümern

Anders als in Kurbayern (und in dem von Bayern beeinflußten Fürstbistum Augsburg) verlief die Entwicklung in Bamberg, Würzburg und Salzburg. Fürstbischof Franz Ludwig von Erthal in den beiden Hochstiften am Main und Fürsterzbischof Hieronymus Colloredo in Salzburg waren im Sinne der Aufklärung mustergültige Oberhirten und Regenten: An ihren Universitäten konnte sich der Diskurs der katholischen Aufklärer ungehindert entfalten, hier erschienen zwei maßgebende Zeitschriften, „Die Literatur des katholischen Deutschland“ (Banz) und die „Oberdeutsche Allgemeine Literaturzeitung“ (Salzburg). Am Main und an der Salzach war der Einfluß des österreichischen josephinischen Reformkatholizismus sehr stark, wie die Elementarschulreform nach Felbigers Normal-Lehrart (Franz Michael Vierthaler in Salzburg) und Erthals Reform des Medizinstudiums und des Krankenhauswesens in Würzburg und Bamberg zeigten.

Pastoraltheologie und Kirchengeschichte als Schlüsseldisziplinen der Aufklärung wurden ebenso wie in Österreich an den Theologischen Fakultäten Bayerns, Frankens und Schwabens eingeführt. Die katholischen Aufklärer öffneten sich dabei dem Schrifttum und den Ideen des protestantischen Deutschland, und sie versuchten die protestantische Aufklärung für den katholischen Raum zu adaptieren – was sich auch hier mit jansenistischen Einflüssen aus Westeuropa (Passau) und reformkatholischen aus Italien (Muratori-Kreis in Salzburg) traf. Die stärkste regionale Nachwirkung sollten die Bildungsbestrebungen der katholischen Aufklärung bis ins 19. Jahrhundert in der schwäbisch-alemannischen Diözese Konstanz (und dem dazu gehörigen Vorderösterreich) im Wessenbergianismus haben.

Konfessionell abgegrenzte Bildungsräume

Trotz der irenischen und toleranten Bestrebungen der Aufklärung blieben freilich die katholischen und protestantischen Bildungsräume bis zum Ende des Alten Reiches deutlich gegeneinander abgegrenzt, wie gerade in Franken und Schwaben überall zu spüren war. Die paritätische Reichsstadt Augsburg mit ihrem konfessionell getrennten Schulwesen bildete dafür ein augenfälliges Beispiel (evangelisches Annagymnasium, katholisches Jesuitengymnasium).

Evangelische Universitäten und Gymnasien, Pfarrer als Kulturträger

In den evangelischen Territorien Schwabens und Frankens waren die württembergische Universität Tübingen (1477) und das nürnbergische Altdorf (1578/1623) etablierte Zentren des geistigen Lebens, zu denen als Universitätsneugründungen 1743 das brandenburg-bayreuthische Erlangen und 1781 das württembergische Stuttgart hinzukamen. In Württemberg gewährleistete das System der Klosterschulen seit der Reformation eine exzellente Lateinschulausbildung zur Vorbereitung auf die Universität. Die Städte, vor allem die evangelischen Reichsstädte, unterhielten teilweise sehr gut ausgebaute städtische Gymnasien als Rats- und Bürgerschulen, mit denen in der Regel auch städtische Bibliotheken verbunden waren (Nürnberg, Schweinfurt, Ulm, Reutlingen, Eßlingen, Heilbronn u. a.).

Der evangelische Pfarrer- und Theologenstand formierte sich als eine Kulturträgerschicht von eminenter Bedeutung, die bis zur Mitte des 17. Jahrhunderts bereits eine spezifische Homogenität und Exklusivität erreicht hatte und die familiäre Querverbindungen zwischen Württemberg, den fränkischen Markgraftümern Ansbach und Bayreuth, den evangelischen Grafschaften und Reichsritterschaften und den evangelischen Reichsstädten unterhielt. Außerdem war die Pfarrerschaft hier, wie in anderen evangelischen Regionen, mit der juristisch gebildeten Beamtenschaft der Territorien und Städte durch familiäre Bande verflochten.

Lutherische Orthodoxie in Franken und Schwaben

Ein strenges landeskirchliches Luthertum, über das die Theologischen Fakultäten der Universitäten wachten, bildete den Rahmen für Bildungs- und Sozialbeziehungen, wobei zahlreiche Verbindungen in das lutherische Mitteldeutschland bestanden. Philippismus und Kryptocalvinismus, die am Beginn des 17. Jahrhunderts in Nürnberg und Altdorf eine Heimstatt hatten, wurden während des Dreißigjährigen Krieges auch hier durch die lutherische Orthodoxie verdrängt (Johann Saubert, Johann Michael Dilherr). Die von der Orthodoxie geprägte Geisteshaltung bewies im späteren 17. und im 18. Jahrhundert in Franken und Schwaben eine starke Vitalität, indem sie einen Ausgleich mit den teilweise gegenläufigen Bewegungen des Pietismus und der Aufklärung herbeizuführen verstand.

Nürnberg als geistiges Zentrum

Die Reichsstadt Nürnberg behielt nach dem Dreißigjährigen Krieg ihre Stellung als Mittelpunkt geistigen Lebens: Dies fand seinen Ausdruck in der Leopoldina, der von Kaiser Leopold I. privilegierten Akademie der Naturforscher, die bereits 1652 in Schweinfurt gegründet worden war, deren Schwerpunkt sich jedoch bald – neben Augsburg – nach Nürnberg verlagerte, wo die naturwissenschaftliche und medizinische Forschung ein hohes Niveau hatte (Johann Georg Volckamer, Christoph Jakob Treu). Hingewiesen sei auch auf den „Pegnesischen Blumenorden" der „Pegnitzschäfer" (1644), eine um deutsche Sprachkultur bemühte Vereinigung, die die weltliche und die geistliche Barockdichtung pflegte (Georg Philipp Harsdörffer, Sigmund von Birken, Johann Klaj, Dilherr). Ein besonders entwickelter Zweig gelehrter Arbeit an der Grenze zum spezialisierten Handwerk war in Nürnberg die Kartographie (Johann Baptist Homann).

Universität Altdorf

In einer Epoche, in der die Territorien und fürstlichen Residenzen Bildung und Wissenschaft dominierten, blieb Nürnberg eine der wenigen Städte im Reich, die ein eigenständiges bürgerliches Kulturleben behielten. Dies war dem generationenübergreifenden Bildungsengagement des Patriziats zu danken sowie der im städtischen Dienst stehenden Akademikerschaft aus Juristen, Theologen und Ärzten, vor allem aber der eigenen reichsstädtischen Universität in Altdorf. Die große Zeit der Altdorfer Jurisprudenz endete in der zweiten Hälfte des 17. Jahrhunderts; der berühmteste Doktorand Altdorfs war Leibniz (1666). In Medizin und Naturwissenschaften sowie in der Theologie behielt die Universität einen hohen Rang, wobei in der Theologie die Strömungen von Orthodoxie, Rationalismus und Neologie zusammen mit Dogmengeschichte und historischer Bibelkritik präsent waren (Johann Augustin Dietelmeier, Johann Christoph Döderlein, Johann Philipp Gabler). Der Philosophieprofessor Georg Andreas Will verfaßte im ausgehenden 18. Jahrhundert biobibliographische Werke zur Nürnberger Gelehrtengeschichte und eine Geschichte der Altdorfer Universität. Die Altdorfer Aufklärung zeichnete sich durch Leistungen im Bereich der Geschichte und ihrer Hilfswissenschaften aus (Johann Heumann von Teutschenbrunn; der spätere Göttinger Köhler).

Altdorf verlor an Bedeutung, seitdem Brandenburg-Bayreuth in Erlangen – nach der Vorstufe einer Ritterakademie – 1743 eine Universität gegründet hatte. Erlangen kann zwar nicht so explizit als Reformuniversität bezeichnet werden wie die vorausgegangenen Neugründungen in Halle und Göttingen, aber auch hier wurden moderne Wissenschaftsauffassungen eingeführt. Der erste Aufbau der Universität war das Werk des Direktors (Kurators) Daniel von Superville. Die Reichsstaatsrechtslehre vertrat am Ende des 18. Jahrhunderts Johann Ludwig Klüber, der die weitere Verfassungsentwicklung bis zum öffentlichen Recht des Deutschen Bundes wissenschaftlich begleitete. In der Erlanger Theologie dominierten Neologie und Rationalismus (Georg Friedrich Seiler, Christoph Friedrich Ammon). Ein klinisches Medizinstudium und die Planung eines Klinikbaus brachte die preußische Ära in Franken nach 1791. Dem Aufklärungszentrum Erlangen entsprach in der Gründungsphase der aufgeklärte Geist am Markgrafenhof in Bayreuth, wo Wilhelmine, die Lieblingsschwester Friedrichs des Großen, die französische Aufklärung lebendig werden ließ und wo Voltaire ihr Gast war.

Universität Erlangen

Bayreuther Hof und französische Aufklärung

Die württembergische Bildungsgeschichte im späteren 17. und im 18. Jahrhundert war stärker vom Pietismus als von der Aufklärung geprägt. Eine charakteristische Verbindung von Luthertum, Pietismus und gut ausgebautem Lateinschulwesen ließ in diesem Land eine hohe intellektuelle und sprachliche Sensibilisierung entstehen, die sich im späteren 18. Jahrhundert im Beitrag Württembergs zum Aufbruch der deutschen Literatur und Philosophie auswirkte. Eine besondere Spannung kam in die württembergische Bildungssituation dadurch, daß der in Ludwigsburg residierende Herzog und sein Hof seit 1733 katholisch waren und sich unter Karl Eugen den Ideen der Aufklärung öffneten. Demgegenüber vertraten die Landstände in Stuttgart und die Universität Tübingen die beharrenden protestantischen Kräfte.

Württemberg zwischen Pietismus und Aufklärung

Die Universität Tübingen erreichte nach dem Dreißigjährigen Krieg nicht wieder das Niveau der Vorkriegszeit: Es war die Ära der „protestantischen Familien-Universität"; die Osianders, Hoffmanns und Gmelins besetzten Generation für Generation Lehrstühle. Trotz vieler Symptome geistiger Stagnation gab es jedoch auch einzelne bemerkenswerte Gelehrte unter den Theologen (Christoph Matthäus Pfaff) und den Juristen (Gottfried Daniel Hoffmann, Johann Christian Mayer). Die geistig lebendige Bewegung, der Pietismus, entfaltete sich am Rande und außerhalb der Universität: im Tübinger Stift, der zentralen Schaltstelle für die Theologen-

Universität Tübingen

ausbildung im Land, und in den Klosterschulen. So war Johann Albrecht Bengel, der erste der großen schwäbischen Pietisten, Präzeptor an der Klosterschule Denkendorf. Bengel erwarb sich Verdienste um die neutestamentliche Philologie und Exegese; seine heilsgeschichtliche Konzeption beeinflußte die Geschichtsphilosophie von Schelling und Hegel. Auch Friedrich Christoph Oetinger wirkte als Prälat von Murrhardt fernab von der Landesuniversität – er übte als mystisch-theosophischer Schriftsteller, vor allem als Predigtautor, große Wirkungen für die religiöse Bildung aus.

Johann Jakob Moser als Reichspublizist

Der bedeutendste Jurist Württembergs im 18. Jahrhundert war nur kurz als Professor tätig: Johann Jakob Moser, der den Pietisten nahestehende Konsulent der Landstände in ihrem Kampf gegen den Herzog; er schuf mit immensem Gelehrtenfleiß eine vielbändige Summe des Reichsstaatsrechts und verband dabei eine stupende verfassungsgeschichtliche Detailkenntnis und Rechtspositivismus mit einem naturrechtlichen Denkansatz. Moser erlangte eine überragende Bedeutung in der Reichspublizistik, mußte freilich für seine Überzeugungen auch mit der Ungnade Herzog Karl Eugens und mit jahrelanger Haft büßen.

Hohe Karlsschule Stuttgart

Karl Eugen gründete 1770 auf der Solitude bei Stuttgart eine Militärakademie, an der die nützlichen und die schönen Künste gelehrt werden sollten. Er konzipierte diese polytechnische Anstalt bewußt als eine im Sinne der Aufklärung auf praktischen Nutzen gerichtete Alternative zum traditionalistischen Tübingen. 1775 wurde die Hohe Karlsschule nach Stuttgart verlegt, und es begann ein systematischer Ausbau des Fächerspektrums: Medizin, Jurisprudenz, Geographie, Geschichte, lebende Sprachen, Kameralwissenschaft, Handelskunde, Forstwesen, aber keine Theologie. 1781 wurde die Neugründung als Universität privilegiert; sie hatte damals mehr Studenten als die alte Landesuniversität. 1794 jedoch hob der Nachfolger Karl Eugens die erfolgreiche Neuschöpfung aus dem Geiste einer utilitarischen Aufklärung unter dem Druck der konservativen Landstände auf.

Schwäbische Geistesgrößen

Die politischen und religiösen Spannungen im Württemberg des 18. Jahrhunderts und das davon bestimmte geistige Klima wirkten offenbar wie eine Talentschmiede: Christian Friedrich Daniel Schubart, der Dichter und einer der ersten deutschen Journalisten („Teutsche Chronik"), stand zeitweise in Diensten des Herzogs, Friedrich Schiller war Schüler der Hohen Karlsschule, und aus dem Tübinger Stift ging ein für die deutsche Geistesgeschichte bedeutsames Trio hervor: Hegel, Schelling und Hölderlin.

3. Rheinlande, Hessen, Westfalen

Katholische Universitäten

In den katholischen Territorien und Städten am Rhein und östlich des Rheins gab es Universitäten in der Reichsstadt Köln (1388), in den Landeshauptstädten von Kurtrier (1473), Kurmainz (1477) und Paderborn (1614) und im fürstbischöflich-straßburgischen Molsheim (1618). Hinzu kamen Neugründungen von Universitäten in Fulda (1734) – wo nach einer jesuitischen Anlaufphase eine zweite Benediktiner-Universität neben Salzburg entstand –, in Münster (1780) und im kurkölnischen Bonn (1786). Die Molsheimer Hochschule wurde von Ludwig XIV. 1701 in das nunmehr französische Straßburg verlegt. Zu Kurmainz gehörte Erfurt, dessen unbedeutend gewordene Universität (1392) gemischtkonfessionelle Verhältnisse aufwies. Ebenfalls gemischtkonfessionelle Verhältnisse gab es im kurpfälzischen Heidelberg, seitdem die katholischen Kurfürsten aus dem Haus Pfalz-Neuburg um 1700 einen verspäteten Gegenreformationsversuch unternahmen, der auch die Universität (1386) betraf. Außer Betracht bleiben in diesem Abschnitt die vorderösterreichischen Gebiete am Oberrhein ebenso wie die brandenburg-preußischen Gebiete am Niederrhein und in Westfalen.

Alternativen zum Bildungswesen der Jesuiten?

An den älteren katholischen Universitäten und im umkämpften Heidelberg dominierten die Jesuiten bis zur Auflösung des Ordens. Münster und Bonn waren Neugründungen der Aufklärung, wozu auch Mainz mit seiner tiefgreifenden und demonstrativen Universitätsreform von 1784 trat. Die Universität Köln, die sich über die Auflösung des Jesuitenordens hinaus der Aufklärung verschloß, verfiel geistiger Stagnation und Bedeutungslosigkeit, trotz einer weiterhin hohen Studentenfrequenz.

Die Gesellschaft Jesu beherrschte auch das gymnasiale Schulwesen in den katholischen Städten bis 1773. Unter gemischtkonfessionellen Bedingungen gab es Jesuitengymnasien in der Reichsstadt Speyer, im kurpfälzischen Mannheim und im bergischen Düsseldorf, im französischen Straßburg und im paritätischen Osnabrück. Ein alternatives katholisches Bildungsangebot durch die alten Orden war am Rhein weniger ausgeprägt als in Österreich und Bayern. Kurfürst Johann Philipp von Schönborn übergab immerhin sein Mainzer Priesterseminar, ebenso wie in Würzburg, der Weltpriesterkongregation der Bartholomäer.

Katholische Gelehrsamkeit des Barock

Die katholische Gelehrsamkeit des Barock repräsentierten der Universalgelehrte Athanasius Kircher SJ aus Fulda und die Erforscher der deutschen Konzilien Johann Friedrich Schannat (Fulda) und Joseph Hartzheim SJ (Köln). Ferdinand von Fürstenberg, Historiker des Bistums Paderborn, wurde sogar Fürstbischof. Die Tradition der Diözesan- und Landesgeschichtsforschung führten im Zeitalter der Aufklärung der Trierer Weihbischof Johann Nikolaus Hontheim, der Wormser Weihbischof Stephan Alexander Würdtwein und der Straßburger Bistumsarchivar Philippe-André Grandidier fort. Hartzheim war Leiter des Gymnasium Tricoronatum in Köln, Hontheim Pandektenprofessor und Prokanzler der Universität Trier.

Febronius und Febronianismus

Die Studien katholischer Gelehrter zur deutschen Kirchengeschichte bildeten den Hintergrund für jene Bewegung, die ihr Zentrum in den geistlichen Kurfürstentümern hatte: den Febronianismus, benannt nach dem Pseudonym Justinus Febronius, unter welchem Hontheim seine Schrift *De statu ecclesiae et de legitima potestate Romani pontificis* verfaßte. Mit diesem von 1763 bis 1773 publizierten mehrbändigen Werk begann, so der Göttinger Jurist Pütter, die „Ideen-Revolution im katholischen Deutschland“. Das Werk basierte auf dem Gallikanismus, den Lehren des Würzburger Kanonisten Barthel (in Trier vertreten durch dessen Schüler Georg Christoph Neller) und dem zeitgenössischen Reichsstaatsrecht; Febronius erstrebte eine weitgehende Reduktion päpstlicher Rechte zugunsten der Bischöfe (Episkopalismus) und eine Wiedervereinigung der getrennten Christen. Obwohl Hontheim 1778/81 seine Febronius-Thesen widerrief, war der Febronianismus eine zentrale Strömung der katholischen Aufklärung und, ähnlich wie der Josephinismus, von großem Einfluß auf die Lehre in den katholischen Bildungseinrichtungen. In den Febronianismus flossen ebenso wie in den Josephinismus Anregungen aus Frankreich und den österreichischen Niederlanden ein: Trier und Straßburg waren Zentren eines geistigen Austauschs zwischen dem westeuropäischen und dem deutschen Katholizismus.

Trier und Straßburg als Zentren geistigen Austauschs

Der Höhepunkt der katholischen Aufklärung im Westen ist durch die Gründungen der Universitäten in Münster und Bonn und die erfolgreiche „Restauration“ der Mainzer Universität gekennzeichnet. Als Kulturpolitiker sind in Münster der Minister, Generalvikar und Universitätsgründer Franz von Fürstenberg, in Bonn der Akademieratspräsident Franz Wilhelm von Spiegel, in Mainz der Universitätskurator Anselm Franz von Bentzel und in Fulda der Minister Philipp Anton von Bibra, der Herausgeber des „Journal von und für Deutschland“, hervorgetreten – sie waren Vordenker und Meinungsführer bei konsequent aufklärerischen Reformschritten im Bildungsbereich. Hierzu gehörten bemerkenswerte Berufungen, wie die des zu radikalen Auffassungen neigenden Franziskaners Eulogius Schneider als Poesieprofessor nach Bonn. Nach Mainz berief der Kurfürst seit 1784 Protestanten: Samuel Thomas Sömmerring als Professor der Anatomie und Physiologie sowie als Bibliothekare Johannes von Müller (den Geschichtsschreiber der schweizerischen Eidgenossenschaft) und Georg Forster (den Begleiter von James Cook bei der Weltumseglung und Verfasser eines literarischen Reiseberichts darüber). Schneider und Forster wurden als deutsche Jakobiner engagierte Anhänger der Französischen Revolution, Müller blieb als politischer Publizist ein Anhänger aufgeklärter Reformpolitik.

Aufklärungsuniversitäten Bonn und Mainz

Neben den Universitätsreformen war das Elementarschulwesen ein wichtiger Reformbereich in den geistlichen Staaten; das rezipierte österreichische Vorbild erhielt eigenständige Profilierung im Fürstbistum Münster durch Fürstenberg und Bernard Overberg, der auch als pädagogischer Schriftsteller hervortrat. Eine besondere Rolle als Exponent katholischer Aufklärung spielte Karl Theodor von Dalberg, kurmainzischer Statthalter in Erfurt, Koadjutor des Mainzer Erzbischofs und Domherr in Würzburg. Er engagierte sich in Erfurt und Würzburg für Bildungs- und Wissenschaftsreformen und unterstützte sie mit publizistischen Abhandlungen. In Erfurt förderte Dalberg die Universität und die 1753 gegründete Akademie. Nach dem Ende des alten Kurfürstentums Mainz errichtete er in Aschaffenburg eine Universität (1808) und bemühte sich um die Reform des Elementarschulwesens.

Aufgeklärte Bildungsreform in den geistlichen Fürstentümern

Unter den weltlichen Territorien war die Kurpfalz zunächst durch die Folgen des Dreißigjährigen Krieges, dann durch die Konfessionskämpfe unter den katholischen Neuburger Kurfürsten in ihrer Bildungspolitik gelähmt. In Heidelberg wurde immerhin 1661 die erste Universitätsprofessur für Naturrecht eingerichtet, auf die Samuel Pufendorf berufen wurde, der hier unter dem Pseudonym Severinus von Monzambano seine Aufsehen erregende Abhandlung über die Reichsverfassung verfaßte. Die Heidelberger Universität konnte jedoch bis zum Ende des 18. Jahrhunderts ihre ehemalige Bedeutung nicht wiedererlangen, trotz einzelner interessanter Gelehrtenpersönlichkeiten (Kanonist Philipp Anton Schmidt SJ, Reichsstaatsrechtslehrer Georg Friedrich Zentner).

Universität Heidelberg

Der Hof in Mannheim öffnete sich unter Kurfürst Karl Theodor der Aufklärung, von der das Geistesleben in der Stadt auch

Mannheimer Hof und Mannheimer Akademie

nach dem Wegzug des Hofes nach München (1778) bestimmt blieb. 1763 wurde die Kurpfälzische Akademie der Wissenschaften in Mannheim gegründet. Ihr Aufbau war das Werk des Akademiesekretärs und Historikers Andreas Lamey. Ehrenpräsident war der Straßburger Schöpflin, der als Arbeitsprogramm für die Akademie die Erforschung der älteren Geschichte der Oberrheinlande und der Rheinpfalz festlegte, was mit viel quellenkritischem Scharfsinn in Angriff genommen wurde (Georg Christian Crollius). 1779 wurde das Mannheimer Nationaltheater unter der Leitung des Intendanten Wolfgang Heribert von Dalberg gegründet, wo 1782 die spektakuläre Uraufführung von Schillers Räubern stattfand. In Kaiserslautern gründete Karl Theodor 1774, aufbauend auf die lokale Initiative der „Bienengesellschaft", eine Kameral-Hochschule (Kameralistik-Professor Johann Heinrich Jung-Stilling), die 1784 als Nationalökonomische Fakultät der Universität Heidelberg angegliedert wurde.

Französische Kultureinflüsse in Zweibrücken und Baden

Neben der Kurpfalz bildete das Herzogtum Pfalz-Zweibrücken im 18. Jahrhundert ein geistiges Zentrum mit seinem Gymnasium in Zweibrücken, das unter den Rektoren Johann Philipp und Georg Christian Crollius, Vater und Sohn, eine Blütezeit erlebte. Hier erschienen seit 1779 die verbreiteten Editionen antiker Klassiker, die *Editiones Bipontinae*. In der Markgrafschaft Baden, unter Karl Friedrich ein Musterland aufgeklärter Politik, dominierte im ausgehenden 18. Jahrhundert ein utilitarisch-ökonomisches Interesse, mit einer starken Rezeption der physiokratischen Lehren am Karlsruher Hof. Der Straßburger Geschichtsprofessor Schöpflin wurde vom Markgrafen gefördert und verfaßte eine Geschichte der Zähringer-Dynastie. Die beiden, übrigens konfessionell gemischten, Fürstentümer Zweibrücken und Baden waren in hohem Maße französischen Kultureinflüssen geöffnet.

Universität Straßburg

Das wichtigste Bildungszentrum am Oberrhein blieb auch im 18. Jahrhundert Straßburg, nunmehr „ville libre royale" im Königreich Frankreich, mit seinen beiden Universitäten, der renommierten reichsstädtischen (1566/1621) und der hierher verlegten fürstbischöflich-katholischen. Die reichsstädtische Universität blieb bis zur Französischen Revolution in das deutsche protestantische Hochschulsystem integriert und behielt in Jurisprudenz, Geschichts- und Politikwissenschaft sowie Medizin einen exzellenten Rang und Ruf. Nicht nur der junge Goethe, sondern auch Adelige, die sich auf den Staatsdienst vorbereiteten, studierten hier, so Bartenstein, Cobenzl, Metternich und Montgelas. Die Straßburger Universität trug im

18. Jahrhundert Züge sowohl einer Ritterakademie als auch einer Diplomatenschule. Diese Ausstrahlung Straßburgs war nicht zuletzt das persönliche Verdienst des Geschichtsprofessors Johann Daniel Schöpflin, der die Straßburger historische Tradition des 17. Jahrhunderts (Johann Heinrich Boecler, Johannes Schilter) glanzvoll fortsetzte als akademischer Lehrer, als eifriger Erforscher der regionalen oberrheinischen Geschichte *(Alsatia Illustrata, Historia Zaringo-Badensis),* schließlich als Wissenschaftsorganisator der Akademien in Mannheim und Brüssel. Seit etwa 1752 kann man von einer Straßburger Diplomatenschule sprechen, die sich um Schöpflin ausbildete. Schöpflin fand einen ähnlich bedeutenden Nachfolger mit dem Rechtsprofessor Christoph Wilhelm Koch, der die europäische Staatengeschichte (Statistik) lehrte und in diesem Fach als die wichtigste Autorität neben den Göttingern galt. An der Straßburger Medizinischen Fakultät wurde bereits seit 1738 klinische Ausbildung nach der Leidener Methode von Boerhaave praktiziert. Zur überregionalen Attraktivität Straßburgs bei deutschen Studenten im 18. Jahrhundert trug wesentlich bei, daß man hier die französische Sprache und Lebensart erlernen konnte. Die Situation im Elsaß hat die jungen Stürmer und Dränger Herder und Goethe zu Gedanken „von deutscher Art und Kunst“ inspiriert.

Straßburger Diplomatenschule

Daß es einen Bildungsraum der evangelischen Städte gab, eine Lebenswelt bürgerlicher Bildung und Wissenschaft neben der von fürstlichen Höfen und Residenzstädten dominierten Kultur, macht der Lebensweg des jungen Goethe deutlich: Frankfurt, Leipzig, Straßburg, Wetzlar. Die geistige Offenheit dieser Städte, ihr Kommerz an Büchern und Ideen über Konfessions- und Sprachgrenzen hinweg, konnte ein Optimum an Impulsen geben. Goethes Vaterstadt Frankfurt bot zwar weder eine Universität noch eine überlokal bedeutsame Lateinschule, aber doch eine Erfahrungswelt spezifisch bürgerlichen Bildungsstrebens, wie sie sich in der Italienbegeisterung des Vaters Johann Kaspar Goethe ebenso dokumentiert wie im Wirken der gelehrten Brüder Senckenberg, des Reichsstaatsrechtslehrers Heinrich Christian und des philanthropischen Arztes und Stifters Johann Christian oder in der geistigen Bedeutung der Familien La Roche und Brentano.

Bildungsraum evangelischer Städte

Die Durchmischung katholischer und protestantischer Bildungstraditionen war in den Gebieten am Rhein und östlich des Rheins größer als in anderen deutschen Bildungslandschaften. Dies ergab sich aus der territorialen Zersplitterung, aus gemischtkonfessionellen Verhältnissen in einer ganzen Reihe von Territorien und

Städten, aber auch aus der zentralen Stellung, die der Druck- und Verlagsort Frankfurt für die Buchproduktion einnahm. Bis zu Beginn des 18. Jahrhunderts waren die Frankfurter Buchmessen der wichtigste Büchermarkt des Reiches, dann erst wurden sie allmählich von den Leipziger Buchmessen überflügelt.

Frankfurter Buchmessen

Zu dem Nebeneinander von katholischen und protestantischen Bildungstraditionen kam der innerprotestantische Konfessionsgegensatz mit seinen bildungsgeschichtlichen Konsequenzen. Die Grafschaften in der Wetterau, auf dem Taunus, dem Westerwald und in Westfalen waren teils lutherisch, teils reformiert. Sie hatten Landesgymnasien, die in einigen reformierten Grafschaften den Charakter einer Hohen Schule *(Gymnasium illustre)* hatten (Herborn, Hanau, Burgsteinfurt). Das nassauische Herborn erhielt 1654 sogar ein Universitätsprivileg. Allerdings haben die reformierten Hohen Schulen nach dem Dreißigjährigen Krieg nicht wieder die geistige Bedeutung erlangt, die sie zuvor besaßen. Sie blieben wichtig für die Ausbildung der reformierten Pfarrer und unterhielten regelmäßige Kontakte zu den Hochschulen in der reformierten Schweiz und in den nördlichen Niederlanden.

Reformierte Hohe Schulen

Konkurrenz zwischen Lutheranern und Calvinisten in Hessen

Der Gegensatz zwischen Lutheranern und Calvinisten prägte stark die beiden hessischen Landgrafschaften mit ihren antagonistischen Landesuniversitäten, der reformierten Kasseler in Marburg (1527) und der lutherischen Darmstädter in Gießen (1607). Hessen-Kassel hatte noch eine zweite Landesuniversität, und zwar lutherischen Bekenntnisses, in Rinteln (1623) in der hessischen Grafschaft Schaumburg. Die Folgen des Dreißigjährigen Krieges verhinderten in den beiden Hessen zunächst für lange Zeit eine aktivere Bildungspolitik. Im 18. Jahrhundert öffneten sich dann sowohl das lutherische Hessen-Darmstadt als auch das reformierte Hessen-Kassel den neuen geistigen Strömungen.

Universität Gießen

Gießen war die erste deutsche Universität, an der um 1690 der Pietismus durch gezielte Berufungspolitik des Darmstädter Hofes Einfluß gewann. 1697 wurde kurzzeitig der Pietist Gottfried Arnold Professor der Geschichte, der hier an seiner „Unparteiischen Kirchen- und Ketzerhistorie“ (1699/1700) arbeitete, die für das deutsche Geschichtsdenken des 18. Jahrhunderts größte Bedeutung erhalten sollte. In der Folge spielte die Reichsstaatsrechtslehre in Gießen eine Rolle (Heinrich Christian Senckenberg), nicht zuletzt wegen der Nähe des Reichskammergerichts in Wetzlar. Eine Reihe von Assessoren des Kammergerichts holte während des Wetzlarer Zulassungsverfahrens an der Gießener Juristischen Fakultät den Erwerb des Doktortitels nach. Der jüngere Moser, Friedrich Carl Moser, wie sein Vater Johann Jakob einer der einflußreichen Reichsstaatsrechtslehrer und politischen Publizisten („Von dem deutschen Nationalgeist", „Patriotisches Archiv für Deutschland"), war zeitweise leitender Minister in Hessen-Darmstadt. Moser gründete an der Gießener Universität 1777 eine Ökonomische Fakultät nach dem Vorbild der Hohen Kameralschule in Kaiserslautern. Trotz der Berufung des Physiokraten Johann August Schlettwein hatte diese Ökonomische Fakultät nur bis 1785 Bestand. Die Theologische Fakultät erlebte nach der Pietismus-Krise um 1700 jetzt eine Krise durch radikal aufklärerische Positionen: Karl Friedrich Bahrdt wurde 1775 wegen Leugnung des Offenbarungsglaubens als Professor entlassen.

Universität Marburg

In Hessen-Kassel wurden die beiden traditionalistischen Universitäten Marburg und Rinteln von den Landgrafen nicht sonderlich gefördert, vielmehr galt deren Interesse in erster Linie dem Ausbau der Residenz Kassel. Immerhin berief Landgraf Karl den aus Halle von den Pietisten vertriebenen Naturrechtsphilosophen Wolff 1723 nach Marburg, der hier erfolgreich wirkte, bis Friedrich II. von Preußen ihn 1740 zurückholte. Wolff machte Marburg für einige Jahre zu einem Zentrum der Aufklärung; er zählte hier Pütter und Ickstatt zu seinen Schülern. Nach Wolffs Weggang waren die bekanntesten Professoren der Marburger Universität der Reichsstaatsrechtslehrer Johann Georg Estor und der Theologe Daniel Wyttenbach, ein Wolffianer, dessen Auditorium zeitweise das besuchteste aller reformierten Theologen in Deutschland gewesen sein soll.

Collegium Carolinum Kassel

Eine Konkurrenz zur Marburger Universität entstand in dem 1709 gegründeten Kasseler Collegium Illustre Carolinum, einer Art Ritterakademie. Nicht die humanistischen Fächer, sondern Mathematik, Naturwissenschaften, Anatomie und Geographie sollten im Lehrangebot im Vordergrund stehen. Landgraf Friedrich II. organisierte das Carolinum seit 1766 völlig neu, und zwar nach dem Vorbild des gleichnamigen Instituts in Braunschweig als eine auf praktische Wissensbereiche und die schönen Künste orientierte polytechnische Vorbereitungs- und Alternativschule zur Universität. Dabei wurde Friedrich unterstützt von seinem Minister Martin Ernst von Schlieffen, dem Kurator des Carolinums. Am Carolinum wirkten als Professoren die in Kassel tätigen Maler, Bildhauer und Architekten (Tischbein, Du Ry, Nahl) sowie Forster, Müller und Sömmerring, die später nach Mainz gingen. Auch der Kameralist und Reformautor Christian Wilhelm Dohm und der Physiokrat Jakob Mauvillon waren hier tätig.

Friedrich II., ein aufgeklärter Landesfürst, errichtete 1779 in Kassel mit dem Museum Fridericianum das erste öffentlich zugängliche Museum des europäischen Kontinents mit Kunst- und Naturaliensammlungen und Bibliothek. Eine Reform des Kasseler Gymnasiums (Lyzeum Fridericianum) und die Gründung eines Lehrerseminars 1779 rundeten die Bildungspolitik Friedrichs II. ab, wobei Tendenzen zur Verbreitung nützlichen Wissens und zum Ausgleich des innerprotestantischen Konfessionsgegensatzes wirksam waren, die aber kaum über die Residenzstadt hinaus Folgen hatten. Das Carolinum konnte Studenten nur in begrenzter Zahl anlocken; 1786, nach dem Tod Friedrichs II., wurde es von dem Nachfolger aufgelöst.

4. Welfische Lande, Küstenländer

Eine weitgehend protestantische Bildungslandschaft

In dem weitgehend protestantischen Norden des Reiches gab es ältere Universitäten in Rostock (1419), Greifswald (1456) und Helmstedt (1576). Hinzu kamen als Neugründungen Kiel (1665), Göttingen (1737) und Bützow (1760, bis 1789). In den Städten gab es seit der Reformation meist Gymnasien, die in den Hansestädten auch den Charakter eines Gymnasium illustre haben konnten, also mit fachwissenschaftlichen Professuren (Katharineum in Lübeck; Johanneum in Hamburg, Mitte des 17. Jahrhunderts unter Leitung von Joachim Jungius). In Bremen konkurrierten die städtische reformierte Hohe Schule, die in der zweiten Hälfte des 17. Jahrhunderts starken Zulauf hatte, und das lutherische Athenäum am Dom, das von Schweden bzw. Kurhannover unterhalten wurde. Eine vergleichbare Konkurrenz zwischen einem lutherischen und einem Jesuitengymnasium gab es in Osnabrück und in Hildesheim. In Lüneburg bestand seit 1656 eine Ritterakademie, in Wolfenbüttel von 1687 bis 1712.

Universitäten Rostock und Greifswald

Die beiden alten hansischen Universitäten im mecklenburgischen Rostock und im schwedisch-vorpommerschen Greifswald blieben in dem Zeitraum von 1650 bis 1800 kleine Landesuniversitäten, geprägt von der lutherischen Orthodoxie und einer Familienoligarchie von „Erb-Professoren". Der Versuch des Herzogs von Mecklenburg-Schwerin, auf pietistischer Grundlage 1760 eine Universität in Bützow zu gründen, schlug fehl. Auch die Reform der

Universität von Greifswald durch Gustav III. von Schweden 1775 führte nicht zu tiefer greifender Modernisierung. Die Juristische Fakultät behielt wegen der politischen Interessen der Krone Schweden im Reich und im Zusammenhang mit dem Tribunal in Wismar im späteren 17. und im 18. Jahrhundert einige Bedeutung (David Mevius, Georg Engelbrecht, Augustin Balthasar).

Universität Helmstedt

Eine geistig führende Stellung im norddeutschen Raum nahmen die welfischen Lande ein, zunächst mit der Universität Helmstedt, dann mit Göttingen. Helmstedt, seit 1635 und bis 1745 welfische Samtuniversität, war stark geprägt von den Traditionen des Späthumanismus und der protestantischen Aristoteles-Rezeption. Auf diesem Fundament bauten die beiden bedeutendsten Gelehrten der Universität um und nach 1650 auf: der Theologe Georg Calixt und der Polyhistor Hermann Conring.

Mit Calixt übernahm die Theologische Fakultät die geistige Führung an der Universität, wenn auch die Vertreter des älteren Helmstedter Luthertums den dezidierten Ireniker durch Zensurmaßnahmen zu gängeln versuchten und die Leipziger und Wittenberger lutherischen Theologen ihn scharf bekämpften. Gleichwohl stellte Calixts vierzigjährige Lehrtätigkeit in Helmstedt einen Anziehungspunkt für alle diejenigen dar, die im Zeitalter des Konfessionalismus ein Gespür für die gemeinsamen Glaubensgrundlagen des Christentums *(consensus quinquesaecularis)*, für seine Praxisbezogenheit und für quellenorientierte kirchenhistorische Forschung besaßen. Während des langwierigen Synkretistischen Streites seit 1645 zwischen den Helmstedter Calixtinern und einem Großteil des deutschen konfessionellen Luthertums erlitt die Universität keinen Schaden. Nicht nur Fachkollegen, sondern auch der weit über Helmstedt hinaus bekannte Medizin- und Politikprofessor Conring sowie vor allem die welfischen Herzöge standen auf Calixts Seite.

Conring entwickelte die aristotelische Politiktheorie weiter in Auseinandersetzung mit der Lehre von der Staatsräson und der auf die Urkunden zurückgreifenden Geschichte der Reichsverfassung; er wurde durch die starke Wirkung seiner quellenkritischen Abhandlungen zum Begründer der deutschen Rechtsgeschichte. In der in Helmstedt so fruchtbaren Phase des Wiederaufbaus nach dem Dreißigjährigen Krieg erwies sich als ein Glücksfall für die Universität der vielseitige Sammler, Kunstliebhaber und theologische Laienschriftsteller Herzog August der Jüngere von Braunschweig-Wolfenbüttel, Freund vieler Gelehrter und Schöpfer einer der bedeutendsten europäischen Fürstenbibliotheken in seiner Residenz Wol-

Hof und Bibliothek in Wolfenbüttel

fenbüttel. Die gelehrte Tradition im Braunschweiger Herzogshaus wurde von dem Konvertiten Anton Ulrich um 1700 fortgesetzt, der auch als Romanautor hervortrat und den hannöverschen Hofgelehrten Leibniz mit der Fürsorge für die Wolfenbütteler Bibliothek betraute.

Helmstedt im Schatten Göttingens

Die Gründung der Universität Göttingen verlagerte den geographischen Schwerpunkt der Aufklärung, wie es exemplarisch im Wirken des Kirchenhistorikers Johann Lorenz Mosheim deutlich wurde, der zunächst als Helmstedter Professor an der Gründung Göttingens beteiligt war und dann 1747 dorthin überwechselte. 1745 legte Kurhannover seine Mitverantwortung und Unterhaltungspflicht für Helmstedt nieder, das in der Folge zwar noch eine gewisse Nachblüte, aber doch nur im Schatten von Göttingen, erlebte. Wie sehr sich die Schwerpunkte verschoben hatten, zeigte sich daran, daß die beiden bedeutendsten Helmstedter Professoren in der zweiten Hälfte des 18. Jahrhunderts, der Reichshistoriker Franz Dominikus Haeberlin und sein Sohn, der Reichsstaatsrechtslehrer Carl Friedrich Haeberlin, deutlich von der Göttinger historischen Schule geprägt waren.

Collegium Carolinum Braunschweig

Ähnlich wie in Württemberg und in Hessen-Kassel dachte auch in Braunschweig-Wolfenbüttel der Landesherr im Zeichen einer die Gesichtspunkte der Nützlichkeit betonenden Aufklärung über eine Alternative zur Ausbildung an der traditionellen Universität nach. Herzog Karl I. gründete 1745 – beraten von dem Theologen Johann Friedrich Wilhelm Jerusalem – das Collegium Carolinum, eine polytechnische Unterrichtsanstalt, die auf das Studium wie auf nichtakademische praktische Berufe vorbereiten sollte und die als einzige Einrichtung ihrer Art dauerhaften Bestand hatte. Ruhm erlangten schon damals der Kameralistik-Professor Georg Heinrich Zincke und der Physiokrat Mauvillon als Professor der Kriegswissenschaften. Jerusalem leitete auch ein Predigerseminar im Geiste der Neologie, für die er als theologischer Schriftsteller ein wichtiger Repräsentant war.

Höhepunkt der Aufklärung in Braunschweig-Wolfenbüttel

Seit 1753 erfolgten Reformen im Elementarschulwesen durch Herzog Karl (Landschulordnung, Lehrerseminare in Braunschweig und Wolfenbüttel sowie Waisenhaus-Realschule in Braunschweig nach pietistischem Vorbild) und dann von 1785/86 bis 1790 durch seinen Nachfolger Karl Wilhelm Ferdinand (Schuldirektorium). Der Philanthrop Joachim Heinrich Campe, Verfasser pädagogischer Schriften und einer der ersten deutschen Jugendschriftsteller, versuchte seit 1786 vergeblich, seine Vorstellungen über die Umwandlung der Landschulen in Industrieschulen und die Ausbildung des Pfarrers als Lehrer, Arzt und Ratgeber zu verwirklichen. Campe war in Braunschweig weiterhin mit einem Schulbuchverlag als pädagogischer Volksaufklärer tätig. An dem gescheiterten Schulreformprojekt des braunschweigischen Schuldirektoriums hatte auch der Philanthrop Ernst Christian Trapp mitgewirkt. Die braunschweigische Kulturpolitik fand schon vorher einen Höhepunkt 1770 in der Berufung Gotthold Ephraim Lessings als Bibliothekar nach Wolfenbüttel, der von hier aus in der Kontroverse mit dem Hamburger Hauptpastor Johann Melchior Goeze über die Wolfenbütteler Fragmente und den Offenbarungscharakter des Christentums eine Schlüsseldebatte der deutschen Aufklärung führte.

Leibniz als Hofgelehrter in Hannover

Hannover, die politisch aufsteigende Welfenresidenz, wurde seit 1676 zur Wirkungsstätte des Universalgelehrten Gottfried Wilhelm Leibniz als Bibliothekar und Hofhistoriograph. Leibniz war mit seinen Schriften, seinen vielfältigen Kontakten und seinem ausgedehnten Briefwechsel von größter Bedeutung für das geistige Leben in Deutschland, und zwar die Konfessionen übergreifend durch seine irenischen Unionsideen; er gab wesentliche Impulse für das Naturrechtsdenken und die Reichspublizistik, für die vernünftige Begründung des Christentums (Theodizee), für die auf Quellen fundierte Geschichtsforschung *(Scriptores rerum Brunsvicensium)* und für die Verbreitung des Akademiegedankens (Berliner Akademie 1700). Den traditionellen Universitäten und ihrem von aristotelischer Scholastik und konfessioneller Orthodoxie geprägten Lehrprogramm stand Leibniz kritisch gegenüber.

Reformuniversität Göttingen

Gerade in Kurhannover sollte sich jedoch im 18. Jahrhundert die Regenerationsfähigkeit der Universität exemplarisch erweisen – von Hannover aus wurde 20 Jahre nach Leibniz' Tod die zweite Reform- und Modelluniversität der deutschen Aufklärung, Göttingen, gegründet. Der Aufbau der Universität Göttingen in der Verbindung von Lehre und Forschung und auf der Grundlage der unzensierten Lehrfreiheit war das Werk des Kurators Gerlach Adolph von Münchhausen, der das Konzept der vorangegangenen Reform- und Modelluniversität Halle übernahm und konsequent weiterdachte.

Reichspublizistik in Göttingen

Münchhausen wollte freilich negative Entwicklungen, die er in Halle sah, vermeiden – Göttingen sollte eine Universität ohne Wolffianer und ohne Pietisten werden, vor allem eine Pflegestätte des Reichsstaatsrechts, das heißt eine juristische und eine historische Universität. Dieses Konzept wurde verwirklicht, indem in Göttingen die Vorrangstellung der Theologischen Fakultät erstmals deutlich aufgehoben und ein breites Spektrum von historisch arbeitenden Gelehrten auf die Lehrstühle berufen wurde – von den beiden Reichspublizisten Georg Christian Gebauer und Johann Jakob Schmauß bis zu dem Fachhistoriker an der Philosophischen Fakultät Johann David Köhler, einem Kenner der Diplomatik und der Hilfswissenschaften, der vorher in Altdorf gewirkt hatte.

Bibliothek und Akademie in Göttingen

Um die Göttinger Universität als eine Stätte der Forschung zu sichern, schuf Kurator Münchhausen zwei ergänzende Einrichtungen: die Bibliothek und die „Sozietät der Wissenschaften" (1751). Die Bibliothek wurde von dem klassischen Philologen Johann Matthias Gesner und seinem Nachfolger Christian Gottlob Heyne weniger als bibliophile Sammlung denn als ein für die damalige Zeit einzigartiges Arbeitsinstrument aufgebaut. Die Akademie wurde in der Anfangsphase von dem universalen Schweizer Naturforscher, Arzt und Dichter Albrecht von Haller geprägt, der auch die Leitung der Zeitschrift „Göttingische Gelehrte Anzeigen" innehatte. Als dritter großer Name gehört in die Anfangsjahre der des Kirchenhistorikers Mosheim, der bis zu seinem Tod 1755 das dann erloschene Amt eines Kanzlers verwaltete. In den folgenden Jahrzehnten war zunächst der Theologe und Orientalist Johann David Michaelis der berühmteste Gelehrte, doch ging der maßgebende Einfluß in den genannten Einrichtungen bald auf den klassischen Philologen Heyne über. Auch der Nachfolger Mosheims, der Kirchenhistoriker Christian Wilhelm Franz Walch, ist zu nennen.

Göttinger historisch-juristische Schule

Die größte Wirkung nach außen übten über die zahlreichen Studenten und durch weit verbreitete Publikationen (darunter die „Staatsanzeigen" Schlözers) die Vertreter der juristischen, statistischen und historischen Fächer aus. Hierbei gab es im Lehrangebot, im Lehrstoff und in den Methoden fließende Übergänge zwischen der Juristischen und der Philosophischen Fakultät, von denen die letztere einen hilfswissenschaftlichen Status gegenüber den im Wissenschaftsverständnis dominierenden Juristen einnahm. Berühmte Rechtslehrer waren Johann Stephan Pütter (der einflußreichste Reichspublizist neben Johann Jakob Moser) und Gottfried Achenwall (der sich auf die Statistik spezialisierte); daneben sind als Historiker an der Philosophischen Fakultät Johann Christoph Gatterer, August Ludwig Schlözer, Ludwig Timotheus Spittler und Arnold Heeren zu nennen. Die Göttinger historisch-juristische Schule pflegte sowohl die hilfswissenschaftliche Quellenforschung (Köhler, Gatterer) und die Reichsverfassungsgeschichte (Schmauß, Pütter), die territoriale Landesgeschichte (Spittler), die europäische Staatengeschichte und Staatenkunde (Statistik) (Gebauer, Achenwall, Schlözer, Heeren) als auch ein breit angelegtes Konzept der Universal- und Kulturgeschichte (Gatterer, Schlözer, Spittler). Göttingen wurde mit seinen Juristen und Historikern zur maßgebenden Beamten- und Diplomatenschule in der Spätphase des Alten Reiches, eine Universität, die der studierende Adel mit besonderer Vorliebe besuchte.

Ausbildung von Beamten und Diplomaten in Göttingen

Der Experimentalphysiker Georg Christoph Lichtenberg trat als Aphoristiker hervor; als Naturwissenschaftler müssen auch der Astronom Tobias Mayer, der Mathematiker und Literaturkritiker Abraham Gotthelf Kaestner, der Lehrer Lichtenbergs, und der Mediziner Johann Friedrich Blumenbach genannt werden. Die Medizin wurde nach den klinischen Prinzipien Boerhaaves unterrichtet. Neben der historischen Reichsstaatsrechtsschule war ein besonderes Element für das wissenschaftliche Leben in Göttingen die durch die Verbindung Hannovers mit England begünstigte Rezeption der englischen empirischen Psychologie durch die Philosophen Johann Georg Heinrich Feder und Christoph Meiners.

Universität Kiel, Gymnasien in Schleswig-Holstein

Neben dem überaus erfolgreichen und attraktiven Göttingen hatten die anderen Universitäten des norddeutschen Raumes nur geringe Chancen. Dies galt auch für Kiel, das über den engen Rahmen einer lutherischen Landesuniversität zunächst für das Gottorfer Territorium, dann seit 1773 im dänischen Gesamtstaat für die Herzogtümer Schleswig und Holstein nicht hinauswuchs. In den ersten Jahrzehnten nach der Gründung dominierte der Theologe Christian Kortholt, zu dessen Schülern August Hermann Francke gehörte. Nach 1773 wirkte sich in Kiel die dänische Aufklärung aus, die in einem Austausch mit den deutschen Aufklärungszentren stand (Theologen Johann Andreas Cramer und Jakob Christoph Rudolf Eckermann). Das gymnasiale Schulwesen in Schleswig-Holstein erlebte im Zeichen der Aufklärung einige Reorganisationsmaßnahmen; am Gymnasium in Altona war der philanthropische Pädagogikreformer Johann Bernhard Basedow tätig, bevor er 1771 nach Anhalt-Dessau ging. Im fürstbischöflich-lübeckischen Eutin lebte der aufgeklärte Idyllendichter und Homerübersetzer Johann Heinrich Voß als Rektor des Gymnasiums.

Hamburg, ein Zentrum der Aufklärung

Ein Umschlagplatz von Ideen wurde im 18. Jahrhundert Hamburg. Repräsentant einer frühen aufgeklärten Bürgerkultur war der Ratsherr, Dichter und Physiko-Theologe Barthold Heinrich Brockes. Am akademischen Gymnasium Johanneum wirkten der Orientalist Hermann Samuel Reimarus, dessen Bibelkritik von Lessing in den

Wolfenbütteler Fragmenten publiziert wurde, sowie der Mathematiker und Handelslehrer Johann Georg Büsch. Die utilitarische Seite der Aufklärung wurde in der Kaufmannsstadt engagiert aufgegriffen und führte 1765 zur Gründung der „Gesellschaft zur Beförderung der Manufakturen, Künste und nützlichen Gewerbe", der „Patriotischen Gesellschaft" (Reimarus junior, Büsch) sowie 1767 zur Einrichtung einer „Handelsakademie" für die handelswissenschaftliche Ausbildung künftiger Kaufleute (Leitung durch Büsch seit 1772).

Norddeutsche Beiträge zur deutschen Literatur

Lessings Hamburgische Dramaturgie sowie die Anwesenheit der Dichter Friedrich Gottlieb Klopstock und Matthias Claudius in Hamburg weisen auf die Bedeutung hin, die das aufgeklärte Norddeutschland für die Entwicklung der deutschen Literatur hatte. Hier muß auch der studentische Dichterkreis des „Hainbundes" in Göttingen erwähnt werden (Boie, Hölty, Stolberg, Voß). In dem welfisch beeinflußten Fürstbistum Osnabrück wirkte Justus Möser, eine einprägsame Persönlichkeit mit großem Einfluß sowohl auf die kulturgeschichtlich ausgerichtete Historiographie als auch auf die deutsche Literatur – ein Inspirator für die junge Generation der Stürmer und Dränger („Osnabrückische Geschichte", „Patriotische Phantasien"). Einen Kontrapunkt zur Vorherrschaft aufgeklärten Denkens bildeten Stimmen, die für eine christliche Bildung aus religiösen Gefühlskräften eintraten (Claudius, Stolberg, „Kreise" von Emkendorf und Münster).

5. Sachsen, Thüringen, Anhalt

Stammregion der lutherischen Reformation

In Mitteldeutschland gab es mit Erfurt (1392), Leipzig (1409), Wittenberg (1502) und Jena (1558) eine bemerkenswerte Konzentration von Universitäten. Hinzu kam als Neugründung Halle (1694), das im Zusammenhang der brandenburg-preußischen Bildungsgeschichte behandelt wird. In der Stammregion der lutherischen Reformation bestand seit dem 16. Jahrhundert ein eng geknüpftes Netz von teilweise gut ausgebauten Gelehrtenschulen in den Städten, etwa in Dresden, Leipzig und Weimar. Hinzu kamen die kursächsischen Fürstenschulen in Schulpforta, Grimma und Meißen. Im sächsisch-ernestinischen Coburg gab es ein Gymnasium illustre (1605), im anhaltischen Zerbst eine reformierte Hohe Schule (1582). Das Luthertum prägte die Bildungseinrichtungen der Region, abgesehen vom reformierten Anhalt und der gemischtkonfessionellen, aber katholisch dominierten kurmainzischen Universität Erfurt.

Mitteldeutsche Musenhöfe

Die kleinen Fürstenhöfe der ernestinischen Wettiner und der anhaltischen Askanier entwickelten im 17. und 18. Jahrhundert Kulturpolitik als ein Anliegen fürstlichen Prestiges, so daß es hier zur Ausbildung von Musenhöfen mit niveauvoller Literatur- und Musikpflege kam (Köthen, Dessau, Gotha, Weimar). Eine erste bedeutsame Initiative war die Gründung der „Fruchtbringenden Gesellschaft", des „Palmenordens" (1617), die von Weimar und Köthen ausging und für die Entwicklung der deutschen Sprache und Literatur in der Barockzeit wichtig wurde. Seit 1651 mit Sitz in Weimar löste sich die Gesellschaft um 1680 auf.

Hochdeutsche Sprachreform und Leipziger Bürgerkultur

Für die Ausbildung der neuhochdeutschen Schriftsprache auf der Grundlage des Lutherdeutsch hat die mitteldeutsche Region mit ihren Universitäten im 17. und 18. Jahrhundert wiederum einen maßgebenden Beitrag geleistet – mit dem Beginn deutschsprachiger Vorlesungen an den Universitäten (Weigel, Thomasius, Wolff) und mit der Normierung der deutschen Dichtkunst (Gottsched, Gellert, Lessing). Hierfür war auch wichtig, daß die Messestadt Leipzig im 18. Jahrhundert anstelle von Frankfurt am Main zur wichtigsten deutschen Buchdrucker- und Buchhandelsstadt aufstieg. Ähnlich wie in Nürnberg, Frankfurt und Hamburg kann man in Leipzig von einer eigenständigen Bürgerkultur im Zeitalter des Barock und der Aufklärung sprechen – eine Bürgerkultur, die in einer nicht vom Hof bestimmten Literaturpflege (Moralische Wochenschriften, Gottscheds Theaterreform) und Musikpraxis (Bach) ihren Ausdruck fand.

Lutherische Orthodoxie in Kursachsen

Kursachsen hatte neben Österreich, Preußen und Kurmainz als einziger deutscher Territorialstaat mehr als eine Universität: Leipzig und Wittenberg. Diese waren seit dem 16. Jahrhundert geprägt von lutherisch-orthodoxer Theologie, melanchthonianischem Späthumanismus und Aristotelismus. In der zweiten Hälfte des 17. Jahrhunderts waren die beiden Universitäten die Hochburg der protestantischen Scholastik, sie exponierten sich in erbittertem Abwehrkampf zunächst gegen den Helmstedter Calixtinismus, dann gegen Pietismus und Naturrecht (Abraham Calov in Wittenberg, Juristen- und Theologenfamilie Carpzov in Leipzig). Auf dem Hintergrund von Leipziger Kontroversen wurde die neue Universität Halle personell wie geistig zu einer prononcierten Gegengründung (Thomasius, Francke, Wolff). Nur mit Verzögerung konnte sich in Leipzig die Aufklärung durchsetzen; Wittenberg verharrte noch länger in einem traditionalistisch gewordenen Schulgeist und öffnete sich dem Neuen erst, als dieses schon selbstverständlich geworden war. Der

Landesfürst als modernisierender Universitätsreformer fiel weitgehend aus, seitdem Kurfürst und Hof 1697 zum Katholizismus übergetreten waren und die beiden lutherischen Universitäten nunmehr zu dem von den Ständen eifersüchtig bewahrten evangelischen Besitzstand des Landes zählten.

Lutherisches Modellterritorium Sachsen-Gotha

In der zweiten Hälfte des 17. Jahrhunderts war die größte geistige Lebendigkeit in sächsisch-ernestinischen Herzogtümern anzutreffen – in dem lutherischen Modellterritorium Sachsen-Gotha und an der ernestinischen Samtuniversität Jena, die in dem komplexen Gefüge der drei bzw. vier „Erhalter-Territorien" sich Spielräume eröffnen konnte. Im Herzogtum Gotha führte Ernst der Fromme eine mustergültige Elementarschulreform durch, förderte das Gymnasium in Gotha und baute hier auch eine bedeutende Schloßbibliothek auf. Mitgestalter dieser Politik war der Rat Veit Ludwig von Seckendorff, der, durch Gothaer Erfahrungen inspiriert, in seinem „Teutschen Fürstenstaat" (1656) ein Grundbuch für das lutherische Staats- und Politikverständnis verfaßte und auch mit einer Geschichte des Luthertums hervortrat.

Seckendorffs „Fürstenstaat"

Seckendorffs „Fürstenstaat" (12 Auflagen!) bot ein Kompendium von Kenntnissen und Regeln aus „Statistik", Jurisprudenz, Policeywissenschaft und Staatswirtschaft, Politik und Ethik, eine pragmatische und empirisch fundierte Wissenschaft vom (deutschen Territorial-)Staat. Es war dies ein deutlicher Schritt weg von der an den Universitäten üblichen aristotelischen Politiklehre.

Universität Jena

Den Aristotelismus überwand gleichzeitig an der Universität Jena der Mathematiker und Philosoph Erhard Weigel, der Vorlesungen in deutscher Sprache hielt, im Anschluß an Descartes die universal anwendbare mathematische Darstellungs- und Beweismethode verfocht und neue pädagogische und didaktische Ideen entwickelte (und in einer von ihm geleiteten Versuchsschule praktizierte). Eine quellenorientierte Rechts- und Verfassungsgeschichte, aufbauend auf Conring, wurde durch den Juristen Georg Adam Struve und die Historiker Andreas Bose und Caspar Sagittarius vertreten. Der Neuansätzen aufgeschlossene Geist der Universität Jena in der zweiten Hälfte des 17. Jahrhunderts zeigte sich auch darin, daß die Theologen, wiewohl orthodoxe Lutheraner, in dem Synkretistischen Streit gegen die Helmstedter Calixtiner eine gemäßigte und vermittelnde Position bezogen (Johann Musäus, Johann Wilhelm Baier). Jena trug dazu bei, die Frühaufklärung vorzubereiten; Pufendorf, Leibniz und Wolff erhielten hier als Studenten weiterführende Impulse.

Durch den 1705 nach Jena berufenen Johann Franz Buddeus wurde das irenische Luthertum bewahrt; er betonte eine historische Grundlegung der Theologie. Sein Schwiegersohn Johann Georg Walch schuf mit einer 24bändigen Lutherausgabe (1740/53) die für die Aufklärung maßgebende Quellenedition der Schriften des Reformators. Mit Walch endete die letzte Phase der Orthodoxie in Jena, um dann durch Neologie und Rationalismus abgelöst zu werden (Döderlein, Heinrich Eberhard Gottlob Paulus). Die Theologische Fakultät der Jenaer Universität spielte für das deutsche Luthertum im 17. und 18. Jahrhundert eine Schlüsselrolle, was den Ausgleich von kontroversen Positionen angeht; eine besondere Bedeutung kam ihr für die Protestanten des alten deutschen Sprachraums im Osten zu (Schlesien, Baltikum, Ungarn, Siebenbürgen).

Jena und das ostmitteleuropäische Luthertum

Der Erfolg der benachbarten Universität Halle bahnte den Weg für das historisch fundierte Reichsstaatsrecht und das Naturrecht in Jena und in Leipzig. In Leipzig konnte sich die neue Sichtweise mit einer eigenständigen humanistisch-philologischen Tradition verbinden. Ab 1719 wirkte hier Johann Jakob Mascov als Reichspublizist und Reichshistoriker („Geschichte der Teutschen"), der zur von Thomasius begründeten staatsrechtlichen Schule gehörte. Eine wichtige Rolle im akademischen Leben in Leipzig spielten die Gelehrten Gesellschaften. Bereits 1641 entstand das „Collegium Gellianum" zur Pflege der biblischen Philologie, der Altertumskunde und der Musik. Aus dem 1656 gegründeten „Collegium Anthologicum" entwickelten sich die *Acta Eruditorum*, die ihr Gründer Otto Mencke zu einem zentralen Publikationsorgan der Frühaufklärung machte. Der Sohn von Otto Mencke, Johann Burkhard Mencke, gehörte als Rechtsprofessor zu den Erneuerern seiner Disziplin auf historischer Grundlage. 1750/51 erschien das „Allgemeine Gelehrten-Lexikon" des Geschichtsprofessors Christian Gottlieb Jöcher, wie überhaupt die Druckerstadt Leipzig das Zentrum lexikographischer Wissenszusammenfassung für ein gebildetes Publikum war (Zedlers Universal-Lexikon 1732/54, Gottscheds deutsche Übersetzung des historisch-kritischen Wörterbuchs von Pierre Bayle 1741/44).

Universität Leipzig

1734 wurde Johann Christoph Gottsched zum Professor für Logik und Metaphysik berufen. Wenig später hielt Christian Fürchtegott Gellert vielbesuchte Vorlesungen über Poesie, Beredsamkeit und Moral. Beide, von der wolffianischen Philosophie geprägt, engagierten sich für eine an klassisch-französischen Mustern orientierte Ästhetik, für die Reform der deutschen Sprache, der Literatur

Literatur- und Druckerstadt Leipzig

und des Theaters. Gottsched gründete für diesen Zweck eine „Deutsche Gesellschaft"; in der Folge bildeten sich gottschedianische Gesellschaften nach Leipziger Muster in mehreren Städten zur Pflege von Sprache und Literatur. Gottsched und Gellert trugen dazu bei, den Ruf Leipzigs als einer Universität zu festigen, an der man modische Bildung und galante Lebensweise erlernen konnte („Klein-Paris"); dieser Ruf zog auch den jungen Goethe an.

Bereits um 1700 erhielten an der Leipziger Theologischen Fakultät mit Johann Olearius und Adam Rechenberg Freunde des Pietismus Einfluß. Als Wegbereiter einer philologisch-historischen Schriftauslegung wirkte Christian Friedrich Börner. Sein Bemühen um den Bibeltext bereitete das Wirken Johann August Ernestis vor, dessen *Institutio interpretis Novi Testamenti* 1761 erschien und einen wichtigen Schritt zur textkritischen Bibelexegese bedeutete. Trotz deutlicher Auflockerung der Fronten zum Pietismus und zum wolffianischen Naturrecht blieb die orthodoxe Verpflichtung der Leipziger Universität bestehen. Bis 1812 mußten die Professoren aller Fakultäten ihre Unterschrift unter Konkordienformel und Konkordienbuch setzen. Diese Bindung galt in noch höherem Maße für die

Universität Wittenberg

zweite kursächsische Universität in Wittenberg. Hier wirkte seit 1767 als Professor für Dichtkunst und Geschichte der Kirchengeschichtsschreiber Johann Matthias Schröckh. Als Schüler Mosheims wandte er die pragmatische Methode bei der Darstellung der Kirchengeschichte an und gliederte den Stoff in Epochen. Schröckhs Kirchengeschichte wurde von der katholischen Aufklärung als Lehrbuch für Universitäten übernommen (Rautenstrauch).

Pädagogisches Musterland Anhalt-Dessau

Ein Modellstaat der pädagogischen Aufklärung entstand nach dem Siebenjährigen Krieg unter Fürst Leopold III. Friedrich Franz in dem kleinen Anhalt-Dessau. Franz und sein Freundeskreis beschäftigten sich mit den Ideen Winckelmanns, Rousseaus und der englischen Aufklärung. Praktische Volksaufklärung zum Zwecke der Landwirtschaftsreform und die ideale Bildungslandschaft des Wörlitzer Parks bezeichneten Pole in der Konzeption des Dessauer Hofs. Zensurfreiheit und die „Buchhandlung der Gelehrten und Künstler" zogen Literaten an. Ruhm erlangte der Fürst als „Schulverbesserer" durch die Berufung von Basedow 1771, in dessen Musterschule „Philanthropin" (1774) er seine beiden Söhne schickte, und durch die Schulreform von Carl Gottfried Neuendorf von 1785/87, die Anhalt-Dessau mit der Schaffung eines einheitlichen staatlichen Schulsystems zur „pädagogischen Kolonie" werden ließ. Die Gründung eines Lehrerseminars 1779, der Töchterschule 1786 und die Reorganisation des Zerbster Schulwesens seit 1797 waren weitere Leistungen auf diesem Gebiet. 1786 wurde der erste deutsche Lehrerverein gegründet, 1787 die Dessauer Pastoralgesellschaft zur theologischen Weiterbildung der Pfarrerschaft. Die Chalkographische Gesellschaft (1795) sollte bekannte Kunstwerke im Bild verbreiten, um den Volksgeschmack aufzuklären.

Dessauer Philanthropin

Mit dem Philanthropin und dem vom Fürsten 1776 gestifteten „olympischen" Nationalfest am Drehberg wurde Dessau zur Wiege für eine Sport- und Turnbewegung und eine Erziehungskonzeption, die die Leibesübungen neben die intellektuelle Ausbildung stellte. Basedow gab die Leitung des Philanthropin zwar schon 1778 wieder ab, aber diese avantgardistische Modellschule fand große Aufmerksamkeit bei den Zeitgenossen, nicht zuletzt wegen der Publikationen ihres Gründers zur Pädagogikreform („Elementarwerk", „Methodenbuch"). Das Philanthropin kann man als eine ins Bürgerliche übersetzte Ritterakademie charakterisieren, welche die ritterlichen Leibesübungen adaptierte, moderne Sprachen und Realienkunde lehrte, eine undogmatische Religiosität pflegte und den Unterricht lebendig, anschaulich und spielerisch sowie mit sportlichem Wetteifer zu gestalten suchte. Am Philanthropin wirkten zeitweise auch Campe sowie Christian Gotthilf Salzmann, der nach Dessauer Vorbild 1784 eine entsprechende Schule in Schnepfenthal bei Waltershausen im Herzogtum Sachsen-Gotha eröffnete. Schnepfenthal, das von Ernst II. von Gotha gefördert wurde, war als Schule weltmännischer Bildung das einzige Philanthropin, das Bestand hatte. Die Dessauer Anstalt mußte 1793 schließen.

Weimarer Musenhof und Weimarer Klassik

Die Antike-Rezeption in Dessau war eine Art Vorläufer für den Weimarer Musenhof, der zum Inbegriff klassischer Bildung in Literatur und Leben für Deutschland werden sollte. Die Regentin Anna Amalia und seit 1775 der regierende Herzog Carl August bemühten sich mit Erfolg, namhafte Persönlichkeiten des deutschen Kulturlebens nach Weimar zu ziehen. 1772 wurde Christoph Martin Wieland als Prinzenerzieher berufen. Er blieb hier nach Beendigung seiner pädagogischen Aufgabe bis an sein Lebensende und gab die Zeitschrift „Der Teutsche Merkur" heraus. 1775 kam Goethe; aus seinem Besuchsaufenthalt wurde eine lebenslange Bindung. Seit 1776 gehörte Goethe dem Geheimen Consilium an. Auf Goethes Vorschlag berief der Herzog 1776 Johann Gottfried Herder zum Hofprediger und Superintendenten. Friedrich Schiller hielt sich von 1787 bis 1789 und von 1799 bis zu seinem Tod 1805 in Weimar auf, dazwischen hatte er eine Geschichtsprofessur an der Universität

Rezeption der Antike in Weimar

Jena inne. Im Austausch dieser Persönlichkeiten entstanden in Weimar Dichtungen und philosophische Texte, die im Rückbezug auf die Antike und in Überwindung der rationalistischen Aufklärung einen Maßstab für Humanität sowie für moralische und ästhetische Bildung mit universal verbindlichem Anspruch formulierten. Von Weimar aus brach Goethe 1786 zu seiner Italienischen Reise auf, die für die Deutschen das klassische Beispiel einer Bildungsreise zu den Stätten einer arkadisch verstandenen zeitlosen Antike wurde.

Goethe als Kulturpolitiker

Im Hoftheater versuchte er als Leiter seine Vorstellung einer ästhetischen Antike-Rezeption zu verwirklichen (Iphigenie 1779). Die Weimarer Klassik und ihre Führungsstellung im geistigen Deutschland machten aus der ernestinischen Residenz um 1800 eine Art kulturelle Hauptstadt in dem sich auflösenden deutschen Reich.

Die Weimarer Klassik führte zu einem bemerkenswerten Aufschwung der Universität Jena in den 1790er Jahren. Die Weimarer Regierung – vor allem Goethe und sein Ministerkollege Christian Gottlieb Voigt – übernahm jetzt die Führung unter den vier ernestinischen Erhalter-Staaten und begünstigte das Hervortreten junger Gelehrter und neuer geistiger Strömungen an der Universität. Nicht

Klassische Blüte der Universität Jena

nur Schiller wirkte hier seit 1789 als Geschichtsprofessor, sondern eine Reihe von philosophischen Köpfen der jüngeren Generation begann hier ihre Karriere als Privatdozenten oder außerordentliche Professoren: der Kantianer Karl Leonhard Reinhold, Johann Gottlieb Fichte, die Brüder August Wilhelm und Friedrich Schlegel, Friedrich Immanuel Niethammer, Friedrich Wilhelm Schelling und Georg Wilhelm Friedrich Hegel. Wilhelm von Humboldt lebte für einige Zeit in Jena. Der Theologe Paulus und der Anatom Justus Christian Loder, Goethes naturwissenschaftlicher Partner, rundeten das Bild der Jenaer Klassik, die Fundamente legte für den philosophischen Idealismus (Fichte, Schelling, Hegel), den Neuhumanismus (Humboldt, Niethammer) und die philosophische Romantik (Schlegel, Schelling). Wegen des „Atheismusstreits" wurde Fichte 1799 entlassen. Die anderen Träger der kurzzeitigen klassischen Blüte Jenas verließen die Universität im ersten Jahrzehnt des 19. Jahrhunderts, um besser bezahlte Stellen einzunehmen. Einige trafen sich seit 1810 wieder an der neugegründeten Universität Berlin, wo ein entschiedenerer staatlicher Wille zum Aufbau einer neuen Modelluniversität wirksam war als in den ernestinischen Kleinstaaten in Thüringen.

6. Brandenburg-Preußen

Komplexe Konfessionsstruktur der Territorien

In den brandenburg-preußischen Territorien gab es ältere Universitäten in Frankfurt/Oder (1506) und in Königsberg (1544). Hinzu kamen Neugründungen in Duisburg (1655) und in Halle (1694); die katholische Universität in Breslau (1705) blieb nach der Eroberung Schlesiens durch Friedrich II. bestehen. Das Netz städtischer Lateinschulen und Gymnasien wurde – entsprechend der Städtedichte – von West nach Ost weitmaschiger. In der Mark Brandenburg gab es eine Fürstenschule in Joachimsthal (1607), die nach dem Dreißigjährigen Krieg nach Berlin verlegt wurde (endgültig 1688). Der innerprotestantische Konfessionsgegensatz zwischen Reformierten und Lutheranern war für die brandenburg-preußische Bildungsgeschichte nach 1650 grundlegend. Zwar hatte sich der reformierte kurfürstliche Hof verpflichten müssen, den Bestand des Luthertums zu erhalten, aber er sorgte dafür, daß die Universität Frankfurt, vor allem in der Theologischen Fakultät, ein reformiertes Gepräge erhielt, ebenso das Joachimsthalische Gymnasium. Der Große Kurfürst gründete als reformierte Bildungseinrichtungen die Universität Duisburg und das akademische Gymnasium in Hamm (1655/57). Die noch in oranischer Zeit eingerichtete reformierte Hohe Schule in Lingen (1697) blieb, nachdem Lingen an Preußen gefallen war (1702), bestehen. Demgegenüber waren die Universität Königsberg und das Stadtschulwesen, vor allem in den mittleren und östlichen Territorien, fest in Händen der Lutheraner. Das katholische Schulwesen in Schlesien ließ die preußische Regierung nach 1740 unangetastet, sie förderte den Ausbau des katholischen Elementarschulwesens (Felbiger).

Universitäten Frankfurt/Oder und Duisburg

Die reformierten Gelehrten in Frankfurt und Duisburg standen in der zweiten Hälfte des 17. Jahrhunderts in enger Verbindung mit den Universitäten der nördlichen Niederlande. Die rationalistische Philosophie von Descartes und ihre mathematisierende Darstellungsmethode wurden zuerst in Duisburg vorgetragen und auf die Lehrstoffe angewandt (Theologe Johannes Clauberg). Auch die Föderal- und Bibeltheologie des Leidener Theologen Johannes Coccejus wurde hier vertreten und führte zur Abschwächung der strengen calvinistischen Prädestinationslehre (Clauberg, Martin Hund, Heinrich Hüls). In Frankfurt fand der Cartesianismus gleichfalls früh Eingang (Mathematiker Johannes Placentius Lesnensis), und die reformierte Theologie verband sich mit der mäßigenden Position eines Unionismus (Christoph Becmann, Samuel Strimensius, Paul Ernst Jablonski), was auch im Einklang mit der um konfessionellen Frieden besorgten Kirchenpolitik der Kurfürsten stand. Cartesianismus und Coccejanismus gehören in den Zusammenhang der „Niederländischen Bewegung“ (GERHARD OESTREICH), die für Brandenburg-Preußen von großer Bedeutung war.

„Niederländische Bewegung“

Lutherische Orthodoxie in Königsberg

Das Nebeneinander der beiden protestantischen Konfessionen im preußischen Gesamtstaat führte zu Spannungen vor allem in Königsberg, wo der Synkretistische Streit lokal zwischen den Calixtinern Christian Dreier und Johann Latermann und dem orthodoxen Lutheraner Cölestin Myslenta ausgetragen wurde. Die Philosophie des Aristoteles blieb Grundlage der wissenschaftlichen Arbeit in Königsberg (Kompendien von Dreier), ohne daß der Cartesianismus an dieser Hochburg des Luthertums hätte Fuß fassen können.

Höfische Kulturpolitik unter dem ersten König

Der Berliner Hof entwickelte seit der Spätzeit des Großen Kurfürsten eigenen kulturpolitischen Ehrgeiz, wie sich in den Berufungen von Samuel Pufendorf zum Hofhistoriographen 1688 *(De rebus gestis Friderici Guilhelmi Magni Electoris)* und von Philipp Jakob Spener, dem Begründer des Pietismus, zum Propst an St. Nikolai 1691 zeigte. In der Ära Friedrichs III./I. und seiner geistig interessierten Gattin Sophie Charlotte führte diese höfische Kulturpolitik zur Gründung der Universität Halle 1694 und der Berliner Akademie 1700. Man versicherte sich dafür des Rates herausragender Männer des Geisteslebens, so für Halle der Mithilfe von Spener und Seckendorff, für die Akademie der Unterstützung durch Leibniz.

Reformuniversität Halle

Für die Gründung der Universität Halle war ein konfessionspolitisches Motiv wichtig, denn der Staat strebte eine gemäßigt lutherische Hochschule an, um die Kandidaten für lutherische Pfarrämter von den militant orthodoxen kursächsischen Universitäten fernzuhalten. Die Neugründung in Halle schuf – zeitlich und sachlich vor Göttingen – die maßgebende Reformuniversität der Aufklärung in Deutschland. Dem Halleschen Modell und seinen Auswirkungen ist es zuzuschreiben, daß es in Deutschland nicht zu jenem Auseinandertreten von wissenschaftlichem und geistigem Leben einerseits und Universitäten andererseits kam, das gleichzeitig für England und Frankreich so kennzeichnend war. Halle stand in scharfem Kontrast zu der aristotelischen Scholastik und der lutherischen Orthodoxie (vor allem in Leipzig und Wittenberg) als eine Universität des historisch fundierten Reichsstaatsrechts, des territorialistischen Kirchenrechts, des aufgeklärten Naturrechts und der auf Praxis gerichteten Theologie der Pietisten. Daß in Halle unter

Führung des Juristen Christian Thomasius der Übergang von der lateinischen zur deutschen Vorlesungssprache vollzogen wurde, war ein Signal für das neue Denken. Halle bildete den Ort einer Verbindung von Aufklärung, Preußentum und Pietismus, die für den Aufstieg des Hohenzollernstaats prägend war.

Seit 1680 bestand in Halle eine Ritterakademie. An sie wurden 1690 der Jurist Thomasius und 1691 der Theologe Francke berufen, die aus Leipzig verdrängt worden waren. 1692 kam der Jurist Samuel Stryk, der Lehrer von Thomasius, aus Frankfurt/Oder und erhielt auf Lebenszeit das Direktorat der Universität, die 1694 eröffnet wurde. Thomasius und Stryk betrieben die Reform der Rechtswissenschaft, vor allem des öffentlichen Rechts, auf historischer und empirischer Grundlage (Reichspublizistik). Der neue Geist von Halle zog schnell Scharen von Studenten an. Man kann diesen Aufbruch charakterisieren als Zuwendung zur unmittelbaren Erfahrung, zur Empirie, zur jeweils grundlegenden Wirklichkeit. Hierin haben die von den Zeitgenossen als so epochal empfundenen Neuerungen ihre Einheit: die Lehre des Reichsstaatsrechts durch das Studium seiner geschichtlichen Quellen und der Reichsgeschichte, die umfassende und der Intention nach unverstellte Begegnung mit dem Text der Bibel, der Aufweis der evidenten Bekehrung des einzelnen Christen und seine Bewährung in praktischer Frömmigkeit, das Naturrecht als Inbegriff der mittels der natürlichen Vernunft erhobenen Maßstäbe und Bedürfnisse der Gesellschaft und des Individuums, schließlich die Entwicklung des klinischen Unterrichts in der Medizin.

Neues Denken: Reichspublizistik, Schriftauslegung, Naturrecht

Halle löste sich allenthalben von der Autorität der Tradition, vor allem von der Scholastik des Aristotelismus. Damit fehlte aber die philosophische Einheit. Ihr galt das vernünftige System aller Wissenschaften, von der Mathematik bis zur Theologie, mit dem Wolff, seit 1707 als Philosophieprofessor in Halle lehrend, die Gegenstände seiner Betrachtung als logisch aufgebaut und begreifbar zu interpretieren unternahm. Ohne daß der christliche Glaube von Wortführern wie Thomasius und Wolff in Frage gestellt worden wäre, forderten die Wissenschaften mit dem Hallenser Neubeginn ihre vernünftige Autonomie gegenüber der Theologie ein und emanzipierten sich von der traditionellen Vorherrschaft der Theologischen Fakultät im Universitätssystem. Es macht die Bedeutung der Neugründung in Halle aus und ließ sie zum wirkungsmächtigen Modell werden, daß dieser Neuansatz von Anfang an sowohl von seiten des gründenden Staates als auch von seiten der die Lehre tragenden Professoren betrieben und durchgehalten wurde. Die Wirkung in die Öffentlichkeit und die Verantwortung für die Gestaltung des sozialen Lebens wurden dabei von thomasianischen Aufklärern wie von Franckeschen Pietisten gewollt: Neben der Stiftung des Waisenhauses ist auf den publizistischen Kampf von Thomasius gegen Folter und Hexenprozesse hinzuweisen.

Aufklärung und Pietismus in Halle

Die Verbindung von Aufklärung und Pietismus in Halle war freilich nicht frei von Spannungen. Das philosophische System Wolffs erregte den Widerstand Franckes und der gesamten Theologischen Fakultät; und deshalb wurde schließlich 1723 Wolff durch König Friedrich Wilhelm I. von seinem Lehrstuhl vertrieben. Nachdem Wolff anschließend erfolgreich in Marburg lehrte, begann man allerdings in Halle einzusehen, daß dies ein Fehler gewesen war. 1740 berief Friedrich II. ihn zurück nach Halle. Der Wolffianismus war gleichzeitig dabei, sich an den deutschen Universitäten – protestantischen und katholischen – als Schulphilosophie erfolgreich auszubreiten und die letzten Bastionen des scholastischen Artistotelismus zu schleifen.

Wolff und der Wolffianismus

Die Durchsetzung der wolffianischen Naturrechtsphilosophie vervollständigte den Erfolg, den der neue Geist von Halle mit der schnellen Verbreitung der historisch-kritischen Staatsrechtsschule des Thomasius seit dem frühen 18. Jahrhundert erzielt hatte. Die thomasianische Wissenschaftsreform machte Halle durch die darauf aufbauende gelehrte Leistung der Reichsjuristen und Reichshistoriker Johann Peter Ludewig und Nikolaus Hieronymus Gundling sowie des Kirchenrechtlers Justus Henning Böhmer (Territorialismus im Staatskirchenrecht) zur führenden publizistischen Juristenschule Deutschlands. Das Zentrum der modernen Reichsstaatsrechtswissenschaft verlagerte sich allerdings in den 1730er Jahren von Halle nach Göttingen, das jetzt die Rolle einer die Maßstäbe setzenden Reform- und Modelluniversität übernahm, und zwar konzentriert auf die historisch-juristischen Disziplinen, ohne Wolffianer und ohne Pietisten.

Thomasius als Wissenschaftsreformer

Pietistische Reform des Elementarschulwesens

Der Hallesche Pietismus gewann durch das Waisenhaus und die Anstalten Franckes größte Bedeutung für praxisorientierte Bildung und Wissenschaft. Vom Schulkomplex des Waisenhauses und dem damit verbundenen Lehrerseminar ging eine Reform des Elementarschulwesens und der Lehrerbildung aus, die für die preußischen Territorien wegweisend wurde (Berliner „Realschule“ des Pietisten Johann Julius Hecker) und die im General-Landschulreglement Friedrichs II. von 1763 (beeinflußt durch Hecker) ihre wichtigste Auswirkung hatte. Die Gründung von Lehrerseminaren und die damit einhergehende Professionalisierung der Volksschullehrerausbildung bedeuteten einen Neuansatz, der bald außerhalb Preußens aufgegriffen wurde (Österreich, Braunschweig).

Medizin in Halle

Die Franckeschen Stiftungen wurden der Universität Halle bereits 1698 als „Annex" zugeordnet. Eines der Ergebnisse dieser Verkoppelung war die Gründung einer Krankenanstalt in den Stiftungen 1708; sie wurde durch Johann Juncker, Theologe und Arzt, seit 1729 Professor an der Medizinischen Fakultät, zum Modellinstitut für klinischen Unterricht und medizinische Versorgung der Bevölkerung – Vorbild für die Berliner Charité und für die Kliniken in Göttingen und Erlangen. Die Veränderung der medizinischen Ausbildung lief der der anderen Fakultäten parallel: Man gab schon 1705 populäre medizinische Unterweisungen in deutscher Sprache heraus, und zwar für Mediziner wie Theologen bestimmt (Christian Friedrich Richter), ähnliches später für Hebammen. Die Arzneimittellehre wurde lateinisch und deutsch dargestellt, einer analytischen Kritik unterzogen, was zur Verwissenschaftlichung des Apothekenwesens beitrug. Die herausragenden Medizinprofessoren der ersten Jahrzehnte der Hallenser Universität waren der Chirurg und Anatom Friedrich Hoffmann (Erfinder der Hoffmanns-Tropfen) und der Internist Georg Ernst Stahl.

Aufgeklärte Beamtenausbildung für den preußischen Staat

Friedrich Wilhelm I. richtete 1727 in Halle und in Frankfurt/Oder Lehrstühle für Kameralwissenschaft ein. Die thomasianische Wissenschaftsreform wirkte in der Jurisprudenz bald auf Frankfurt (Gottlieb Heineccius, Heinrich und Samuel Cocceji), danach dann auch der Wolffianismus (Ästhetikprofessor Alexander Gottlieb Baumgarten, Kameralist Joachim Georg Darjes). Die beiden Universitäten Halle und Frankfurt bildeten das 18. Jahrhundert hindurch für den preußischen Staat Beamte aus auf der Grundlage des Naturrechts, eines historisch fundierten Staatsrechts und territorialistischen Staatskirchenrechts und einer mit historischer Exegese und Vernunfterwägungen argumentierenden Theologie. Auch als die innovative Aufbauphase der Universität Halle vorüber war, wirkten hier weiterhin bedeutende Gelehrte, so die beiden rationalistischen Theologen und Kirchenhistoriker Sigmund Jakob Baumgarten und Johann Salomo Semler.

Universität Königsberg

Die Königsberger Universität vollzog, ähnlich wie Frankfurt, die von Halle ausgehenden Neuerungen mit. In der Theologie gewann der Franckesche Pietismus Einfluß. 1731 wurde Franz Albert Schultz als Theologe berufen, der einen Gesamtplan der Bildung entwarf, welcher Ansätze von Francke, Thomasius und Wolff verband. Dieser Plan wude 1735 durch Friedrich Wilhelm I. als Verordnung in Kraft gesetzt und prägte die Königsberger Universität bis zum Ende des Jahrhunderts. In der Philosophischen Fakultät orientierte sich Cölestin Christian Flottwell an Gottsched, er gründete 1742 die Königsberger „Deutsche Gesellschaft". Eine überaus starke geistige Wirkung ging am Ende des 18. Jahrhunderts durch Immanuel Kant von Königsberg aus. Kant hatte vor allem bei dem entschiedenen Wolffianer Martin Knutzen studiert, wurde 1755 promoviert, aber erst 1770 auf die Professur für Logik und Metaphysik berufen. Nach einer Reihe früher Veröffentlichungen erschienen zwischen 1781 und 1799 seine Hauptschriften, mit denen er eine neue „kritische" Grundlegung der Philosophie vollzog. Der Kantianismus breitete sich als philosophische Neuorientierung schnell aus und verdrängte an einer ganzen Reihe von Universitäten den Wolffianismus als vorherrschende Schulphilosophie (Reinhold in Jena, Reuß in Würzburg). Neben Kant lehrte in Königsberg Christian Jakob Kraus, der – geprägt von Kant und der Göttinger Universität – eine Staatswissenschaft entwickelte, die eigenständig Gedanken des Königsberger Philosophen und von Adam Smith verband und auf die preußischen Reformen seit 1807 einwirkte. Königsberg wurde durch Kraus zu einem deutschen Mittelpunkt für die Rezeption der marktwirtschaftlichen Lehren von Adam Smith.

Kant und der Kantianismus

Die Hauptstadt Berlin blieb im 18. Jahrhundert ohne Universität, entwickelte sich jedoch zu einem Zentrum außeruniversitärer Bildung und Wissenschaft. Im Jahre 1700 wurde unter der Präsidentschaft von Leibniz die „Sozietät der Wissenschaften", die Akademie, gegründet, deren Arbeitsbereich über die Naturwissenschaften, die Mathematik und Medizin hinaus auch die philosophisch-historisch-philologischen Disziplinen umfassen sollte. Der Aufbau der Akademie zog sich ein Jahrzehnt hin: 1710 erschien die erste Publikation, 1711 folgte die feierliche Eröffnung. Die meisten der 37 Akademiemitglieder waren in Berlin ansässig; sie lassen sich mit den Mitgliedern der als Vorbilder angesehenen Akademien in Paris und London hinsichtlich ihrer wissenschaftlichen Leistung nicht vergleichen. Außer der Sternwarte gab es keine Forschungseinrichtungen. Für Friedrich I. war die Akademie eine Einrichtung zur Förderung seines höfisch-dynastischen Prestiges, bei Friedrich Wilhelm I. erlahmte dieses Interesse. Preußens „größter innerer König" (Carl Hinrichs) richtete immerhin in Berlin ein Anatomisches Theater (1713) und ein Collegium Medico-Chirurgicum (1724) ein,

Berliner Akademie

die mit der Akademie verbunden wurden. Präsident der Akademie war der Reichsjurist Johann Paul Gundling, ein Gelehrter, dessen Andenken durch die ihm nachgesagte Rolle des Hofnarren im Tabakkollegium des Königs beeinträchtigt wurde.

Friedrich II., französische Aufklärung und deutsches Geistesleben

Friedrich der Große reorganisierte die Berliner Akademie 1744 als „Académie Royale des Sciences et Belles Lettres". Der Schweizer Mathematiker Leonhard Euler war auf Einladung des Königs bereits in Berlin; 25 Jahre lang hat er das Ansehen der Akademie durch seine wissenschaftlichen Arbeiten wesentlich bestimmt. 1746 gelang es Friedrich II., den französischen Naturwissenschaftler Pierre-Louis Moreau de Maupertuis als Präsidenten der Akademie zu gewinnen. Nach dem Tod von Maupertuis 1759 wurde ein Nachfolger nicht mehr berufen, da Friedrich selbst die Leitung der Akademie übernahm. Diese wurde jetzt stark durch den Enzyklopädisten Jean-Lerond d'Alembert beeinflußt. Der elsässische Mathematiker und Physiker Johann Heinrich Lambert hielt sich als Akademiemitglied seit 1765 in Berlin auf. Repräsentanten des geistigen Lebens in Berlin wie der Verleger und Schriftsteller Friedrich Nicolai, der jüdische Philosoph Moses Mendelssohn oder der Geograph und Gymnasialdirektor Anton Friedrich Büsching wurden von Friedrich II. nicht aufgenommen; seine Geringschätzung der deutschen Literatur und Wissenschaft wirkte sich hier aus. Lediglich die Theologen August Friedrich Wilhelm Sack und Johann Peter Süßmilch wurden zu Akademiemitgliedern berufen; Süßmilch war ein Begründer der Demographie als Wissenschaft („Die göttliche Ordnung in den Veränderungen des menschlichen Geschlechts ... ").

Erst nach dem Tod Friedrichs II. öffnete der Nachfolger, Friedrich Wilhelm II., die Akademie stärker dem deutschen Aufklärungsdenken und bestellte seinen durch staatsrechtliche und historische Abhandlungen wissenschaftlich ausgewiesenen Minister Ewald Friedrich von Hertzberg zum Kurator. Andererseits brachte die Ära Friedrich Wilhelms II. jedoch Rückschläge für das wissenschaftliche Leben (Wöllnersches Religionsedikt, Maßregelung Kants, „Erster Kulturkampf"). Zuvor noch, in der Spätzeit Friedrichs des Großen, hatte der Kultusminister Karl Abraham von Zedlitz begonnen, das preußische Schulwesen sowohl auf der elementaren als auch auf der gymnasialen Ebene zu reorganisieren (Oberschulkolleg als zentrale Spitzenbehörde, Einführung des Abiturs als gymnasiale Abschlußprüfung, Ausbau der Lehrerseminare).

Preußische Schulreformen, Abitur

Das geistige Leben im staatlichen Zentrum Preußens hatte sich in der friderizianischen Epoche in mehrere Lebenskreise aufgegliedert. Neben der elitären Tafelrunde des Königs in Sanssouci stand die französisch bestimmte Akademie, an deren Sitzungen Friedrich niemals teilnahm. Daneben bildete sich in Berlin eine bürgerliche Aufklärung, die ihre Kommunikationsmittelpunkte in der Mittwochsgesellschaft, in dem Montagsclub und in der Verlagsbuchhandlung von Nicolai fand. Aufgeklärte Bildung und Popularisierung von Wissenschaft verbanden sich hier (Nicolais Zeitschrift „Allgemeine deutsche Bibliothek", „Berlinische Monatsschrift"). In diesem bürgerlich-aufgeklärten Milieu verkehrten auch die preußischen Justizreformer Ernst Ferdinand Klein und Carl Gottlieb Svarez, die die Kodifikation des „Allgemeinen Landrechts für die preußischen Staaten" (1794) als einen Beitrag zur Volksbildung begriffen – ein Gesetzbuch für das Volk als Folge der aufgeklärten Bemühungen um Reform der deutschen Sprache und der elementaren Schulbildung. Den institutionellen Kern für die in der preußischen Hauptstadt lebendigen geistigen Kräfte sollte erst 1810 die Neugründung der Berliner Universität bringen, die im 19. Jahrhundert die Position der Reform- und Modelluniversität einnahm, wie sie sie im 18. Jahrhundert nacheinander Halle und Göttingen innegehabt hatten.

Berliner bürgerliche Aufklärung

Reformuniversität Berlin

7. Bildungsgeschichtliche Entwicklungslinien im Vergleich

Die Vielgestaltigkeit der Bildungslandschaften des Alten Reiches läßt im Vergleich zu anderen europäischen Ländern gemeinsame Entwicklungslinien erkennen, die es erlauben, von einer *deutschen* Bildungsgeschichte zwischen 1650 und 1800 zu sprechen. An erster Stelle ist hier die Behauptung und Reform der Universität als zentraler Institution von Ausbildung und Wissenschaft zu nennen, die scharf mit dem Niedergang der Universitäten in Italien, Frankreich und England kontrastiert. Diese grundlegende Weichenstellung ist vor allem durch die Forschungen von NOTKER HAMMERSTEIN herausgearbeitet worden, wie im zweiten Teil dieses Bandes darzustellen sein wird. Im Reich waren die Universitäten fest eingebunden in die Territorialstaaten und ihre Konfessionskirchen. Durch die erfolgreiche Universitätsreform zunächst in Halle, dann in Göttingen erhielt das traditionelle Modell der Vier-Fakultäten-Universität im Zeichen der Aufklärung eine neue Attraktivität. Die zunächst prote-

Vielfalt und Gemeinsamkeiten

Erfolgreiche Universitätsreform der deutschen Aufklärung

stantische Universitätsreform wurde im Verlaufe des 18. Jahrhunderts auch von den katholischen Reichsteilen rezipiert – so in Würzburg, Ingolstadt, Wien und Mainz – und führte durch katholische Aufklärung und Josephinismus zu einer konvergierenden Annäherung der seit Reformation und Konfessionalisierung getrennten Bildungssysteme von deutschen Protestanten und deutschen Katholiken. Allerdings darf man nicht übersehen, daß über die konfessionelle Spaltung des 16. Jahrhunderts hinweg das gemeinsame Fundament der humanistischen Bildungstradition an Universitäten und Gymnasien eine verbindende Basis geblieben war. Humanistische Bildung markierte eine geistige Grenze für Territorialisierung und allzu enge Konfessionalisierung.

Kontinuität der humanistischen Bildungstradition

Die humanistische Bildungstradition, die im 16. Jahrhundert von christlichen Schulhumanisten wie Philipp Melanchthon, Johannes Sturm und den Jesuiten geprägt worden war, blieb Voraussetzung für die Entwicklung von Bildung und Wissenschaft auch im Jahrhundert der Aufklärung. Die wissenschaftlichen Bemühungen zunächst der Polyhistoren des Barock wie Conring und Leibniz, dann auch der Aufklärungsgelehrten sind nur vor dieser Folie wirklich zu verstehen. Exemplarisch zeigt dies die Entfaltung der Geschichtswissenschaft im 18. Jahrhundert in dem breiten Spektrum von der benediktinischen Klostergelehrsamkeit der deutschen Mauriner, etwa in Göttweig, Melk und St. Blasien, bis zur Reichspublizistik, Aufklärungshistorie und Statistik in Halle, Altdorf, Göttingen und Straßburg. Auch die historische Forschung der Akademien in München und Mannheim blieb in Bahnen dieser humanistisch-gelehrten Tradition.

Bildungsgeschichtlicher Umbruch um 1800

Erst um und nach 1800 haben Neuhumanismus und Idealismus, dann die „Wissenschaftsrevolution“ des Historismus einen grundlegenden Paradigmenwechsel in den Geisteswissenschaften herbeigeführt, durch den die humanistische Wissenschaftstradition der Frühen Neuzeit aufgehoben wurde. Das Zentrum dieser Neuorientierung der geisteswissenschaftlichen Fächer wurde seit 1810 die neu gegründete Universität Berlin mit ihrer Philosophischen Fakultät; von hier aus wurde die Entwicklung von Bildung und Wissenschaft in den deutschen Ländern maßgeblich bestimmt. Durch den josephinischen Etatismus in Österreich und die Folgen der Säkularisation von 1803 brach gleichzeitig ein Rückstand der katholischen Länder auf und führte im 19. Jahrhundert zu dem sogenannten katholischen Bildungsdefizit gegenüber der preußisch-protestantischen Bildungshegemonie. Die komplexe Spannung im Nebeneinander von protestantischen und katholischen Bildungstraditionen überlebte das Ende des Alten Reiches und das Ende der konfessionell geschlossenen Territorialstaaten. Das sich im 19. Jahrhundert ergebende neue Gefälle ist nur vor dem Hintergrund der weiterwirkenden älteren Traditionen verständlich, so auch die längere Nachgeschichte der katholischen Aufklärung in Österreich, Böhmen und Südwestdeutschland (Spätjosephinismus, Wessenbergianismus).

Säkularisierung des Denkens

Eine grundlegende Entwicklungslinie für Bildung und Wissenschaft im späteren 17. und im 18. Jahrhundert war – auch bei der für die deutschen Länder charakteristischen konfessionellen Einbettung – eine voranschreitende Säkularisierung des Denkens. Dieses Element war in der humanistischen Antike-Rezeption und ihrer Tradition stets mit angelegt gewesen und kam unter dem Einfluß der Aufklärung zu einer sich verstärkenden Entfaltung – auch wenn in Deutschland die säkular werdende Bildung sich nicht derart kritisch gegen die christliche Tradition stellte wie etwa in Frankreich, wobei es freilich Ausnahmen gab, so Friedrich der Große als „philosophe" von Sanssouci.

Akademien als Alternative zu den Universitäten?

Wegen eines Reformstaus an den Universitäten und drückender Altlasten der Lehrtradition waren die Akademien zeitweise als eine Alternative zu den Hochschulen erschienen – Gelehrtensozietäten allein für die wissenschaftliche Forschung, wie vor allem Leibniz sie konzipierte. Trotz der Leistungen der Akademien in Berlin, Göttingen, Erfurt, München, Mannheim und Prag auf den Gebieten von Mathematik, Naturwissenschaften, Ökonomie und Geschichte haben die Akademien in den deutschen Ländern jedoch nie die Universitäten aus ihrer zentralen Stellung für das geistige und wissenschaftliche Leben verdrängt. Die Hochschule blieb letztlich stets die vitalere und leistungsfähigere Institution. Hierin unterscheidet sich die deutsche Entwicklung von der in Frankreich und England, wo die Akademien seit dem 17. Jahrhundert die geistige Führung übernahmen. In Deutschland setzte sich die Universitätsreform des Thomasius in Halle langfristig gegen die Berliner Akademie von Leibniz durch – der preußische Staat, der beide Reforminstitutionen um 1700 gründete, wurde ein Jahrhundert später auch der Träger der Berliner Reformuniversität Humboldts.

Reform des Elementarschulwesens

So wie die Universitätsreform ein Territorien und Konfessionen übergreifendes gemeinsames Thema der deutschen Bildungsgeschichte des 18. Jahrhunderts war, wurde es auch die Reform des Elementarschulwesens. Ausgehend vom lutherisch-orthodoxen Sachsen-Gotha und vom preußisch-pietistischen Halle wurde die

Volksschulreform in Preußen und dann im theresianischen und josephinischen Österreich zu einer die Basis der Gesellschaft erfassenden Bewegung der Alphabetisierung und Literarisierung. Kleinere Territorien wie Braunschweig und Anhalt sowie die geistlichen Fürstentümer der katholischen Reichskirche – etwa Mainz, Würzburg, Bamberg und Münster – leisteten neben den beiden deutschen Großmächten Österreich und Preußen hierin Besonderes, wobei die staatliche Zwecksetzung sich von religiösen Impulsen immer mehr zu säkular-utilitarischen verschob. Gute Elementarschulen, etwa auch in der Form von Industrieschulen, wurden zu einer Forderung von Staatsbeamten und Kameralisten im Zeichen des aufgeklärten Absolutismus. Das gymnasiale Schulwesen war demgegenüber zwar vereinzelt das Arbeitsfeld von aufgeklärten Reformpädagogen, wie z. B. den Philanthropen, es blieb jedoch im großen und ganzen bis zum Ende des 18. Jahrhunderts in den Bahnen, die der christliche Schulhumanismus des 16. Jahrhunderts und die Konfessionen gezogen hatten.

Praxisbezug der Aufklärung für Bildung und Wissenschaften

Die Aufklärung förderte den Praxisbezug der Bildung und der Wissenschaften: Von der thomasianischen Reform der Jurisprudenz mit Betonung der Reichspublizistik und Reichshistorie spannt sich hier der Bogen über die Einrichtung kameralistischer Speziallehrstühle, die Einführung des klinischen Unterrichts bei den Medizinern und die Etablierung von Pastoraltheologie und Kirchengeschichte an den Theologischen Fakultäten, über die Volksschulreformen mit Einrichtung von Industrieschulen bis zur Gründung von polytechnischen Lehranstalten für die „nützlichen Wissenschaften"; diese Lehranstalten waren zwischen Gymnasien und Universitäten angesiedelt und sollten den „scholastischen" Universitäten Konkurrenz machen. Freilich waren die polytechnischen Neugründungen fast alle nur kurzlebig, lediglich das Braunschweiger Carolinum hatte Bestand. Die traditionelle Universität mit ihrem durch die Aufklärung erweiterten Fächerspektrum setzte sich auch hier gegen alternative Gründungen durch. Der überkommene Kanon der Wissenschaften, einschließlich Theologie und Jurisprudenz, blieb so in den deutschen Ländern stärker gewahrt als in West- und Südeuropa.

Vom Gelehrten zum Gebildeten

Die deutsche Bildungsgeschichte von 1650 bis 1800 war gekennzeichnet durch den Weg vom lateinisch schreibenden, polyhistorischen Gelehrten zum deutsch schreibenden und lesenden Gebildeten, von Hofgelehrten wie Pufendorf und Leibniz zu Dichtern und Denkern wie Lessing, Sonnenfels, Herder, Goethe, Schiller und

Kant. Die kulturelle Entfaltung Deutschlands durch Literatur und Philosophie im 18. Jahrhundert war von größter Bedeutung für die Bildungsgeschichte – auch hierbei blieben die Rückbindungen an die humanistische Bildungstradition lebendig, freilich kam eine schöpferische neue Antike-Rezeption hinzu, für die Winckelmann und Weimar Maßstäbe setzten.

Deutschlands kulturelle Entfaltung im 18. Jh. und Europa

Die Bildungstradition des christlichen Humanismus, der Aristotelismus der (katholischen wie protestantischen) Barock-Scholastik, die Antike-Rezeption und die internationalen Geistesbeziehungen der Aufklärung verwoben die Bildungsgeschichte der deutschen Länder mit gesamteuropäischen Entwicklungen; dabei fanden die Teile des Alten Reiches und der alte deutsche Sprachraum im Verlaufe des 18. Jahrhunderts aber doch zu einer verstärkten kulturellen Eigenprofilierung gegenüber den anderen europäischen Nationen und Staaten.

Interkulturelle Offenheit des Reichs-Systems

Die Bildungsbeziehungen und geistigen Wechselwirkungen der deutschen Länder in die Romania, nach England sowie nach Osteuropa waren zahlreich; eine exponierte Rolle auch für die deutsche Bildungsgeschichte spielten die nördlichen Niederlande und die Schweiz. Internationalität der Bildung drückte sich in der Antike-Rezeption, in der Aufklärungsphilosophie und in der kulturellen Ausstrahlung Frankreichs aus. Der Aufstieg einer deutschen Nationalliteratur und Nationalkultur im 18. Jahrhundert ist in diesem europäischen Spannungsfeld zu sehen und erhielt durch Einflüsse und interkulturelle Kontakte seine charakteristischen Züge. Die polyzentrische und multikonfessionelle Struktur des Alten Reiches begünstigte diesen Austausch eher, als daß die Kleinräumigkeit der territorialen und städtischen Lebenswelten ihn behindert hätte.

II. Grundprobleme und Tendenzen der Forschung

1. Wissenschaftliche Neuorientierung an den Universitäten: Reform oder Neugründung?

Die Universitäten blieben für die deutschen Länder und Städte im 17. und 18. Jahrhundert die maßgebenden Institutionen des geistigen Lebens und der Wissenschaften. Eine Verlagerung von Wissenschaft und Bildung in Akademien und außeruniversitäre Ausbildungsstätten fand sachlich und zeitlich nur begrenzt statt; ebenso mußten die neuen Disziplinen der Staats- und Wirtschaftswissenschaften (Policeywissenschaft, Kameralistik) und der experimentellen Naturwissenschaften sich nach einer Anlaufphase in das traditionelle Fächerspektrum der Universitäten mit ihren vier Fakultäten eingliedern. Festzuhalten ist: Vor 1650 wurden in den deutschen Ländern und Städten mehr Universitäten gegründet als in den hier zu behandelnden eineinhalb Jahrhunderten; und es gab eine konvergierende Fortentwicklung der Universitäten im Reich – trotz aller konfessionellen Unterschiede [181, 182, 184, 185: HAMMERSTEIN].

Universität als maßgebende Institution geistigen Lebens

Universitätsgeschichte, verstanden als Institutionen- und Gelehrtengeschichte, ist ein klassischer Zweig der Geschichtsschreibung; dafür gibt es bereits aus dem späten 18. Jahrhundert bemerkenswerte Beispiele, die nicht zuletzt als Ausdruck der erfolgreichen Reform der deutschen Universität im Zeitalter der Aufklärung anzusehen sind. Die Darstellungen von MEINERS [13, 14] über die europäische Universitätsgeschichte, von MEDERER [12] über Ingolstadt, von BÖNICKE [3] über Würzburg und von WILL [26] über Altdorf seien hier genannt. Für die Mehrzahl der Universitäten, die nach 1800 überlebten, waren das spätere 17. und das 18. Jahrhundert weder als Gründungszeit noch als vermeintlich „große" Zeit interessant. Die beiden Modell- und Reformneugründungen Halle und Göttingen bilden die prominente Ausnahme. Für sie gibt es Gesamtdarstellungen von SCHRADER [234] und von VON SELLE [235]. Für

Universitäts-Geschichtsschreibung seit der Aufklärung

Göttingen kommen Sammelbände hinzu, die anläßlich des Universitätsjubiläums 1987 erschienen sind [167: BOOCKMANN/WELLENREUTHER; 282: HERRLITZ/KERN; 206: LOOS; 210: MOELLER]. Eine Orientierung über Standardliteratur zu den einzelnen Universitäten bieten das von L. BOEHM und R. A. MÜLLER herausgegebene Universitätslexikon [29], in dem auch nicht mehr bestehende Hochschulen berücksichtigt sind, und die Bibliographie von PESTER [41].

Die wilhelminische Zeit schuf, unabhängig von der Forschung über einzelne Universitäten, Bleibendes mit der von der Historischen Kommission bei der Bayerischen Akademie der Wissenschaften herausgegebenen Reihe „Geschichte der Wissenschaften in Deutschland" [24 Bde.; vgl. 30: BURSIAN; 37: JÄHNS; 46: STINTZING/LANDSBERG; 50: WEGELE; 52: WERNER], die allerdings Disziplinengeschichte, nicht Universitätsgeschichte bietet, und mit dem Standardwerk von PAULSEN [40] über „Die Geschichte des gelehrten Unterrichts auf den deutschen Schulen und Universitäten", das einer vom liberalen Fortschrittsdenken geprägten Sichtweise folgt, die dem Selbstverständnis der preußisch-deutschen Universität in ihrer „klassischen" Epoche von ca. 1800 bis 1960 [MORAW in: 211: MORAW/PRESS] entsprach.

Die Forschungssituation veränderte sich seit den 1960er Jahren mit der Ablösung der „alten", klassischen Universität und gleichzeitig mit einer Welle von Neugründungen von Universitäten. Es kam seitdem zu einer deutlichen Intensivierung bildungsgeschichtlicher Arbeiten, wobei auch die fast vergessene Geschichte von aufgelösten Anstalten Berücksichtigung fand [für Altdorf 201: LEDER und 224: RECKTENWALD; für Duisburg 226: VON RODEN; für Frankfurt/Oder 215: MÜHLPFORDT; für Fulda 214: MÜHL; für Rinteln 233: SCHORMANN; für Salzburg 71, 180: HAMMERMAYER und 198: KOLB].

Notwendigkeit Universitäten übergreifender Komparatistik

Nun wurden Fragestellungen ausgehend von Problemen der allgemeinen Bildungs- und Wissenschaftsgeschichte neu formuliert und die Antworten durch komparatistische Betrachtung in Universitäten übergreifenden Zusammenhängen gesucht. Die Arbeiten von HAMMERSTEIN [181, 182] über „Jus und Historie" und über die Universitätsreform in den katholischen Reichsteilen haben diesen Forschungsansatz für das 17. und 18. Jahrhundert exemplarisch ausgeführt; auch ein von HAMMERSTEIN und BAUMGART herausgegebener Sammelband [164] über Neugründungen von Universitäten ist zu nennen. Für Einzelbereiche, wie katholische Universitäten und die Lehrangebote in Geschichte und Kirchengeschichte, gab es auch schon eine ältere komparatistische, Universitäten übergreifende

Forschungstradition zum 18. Jahrhundert [228: Scherer; 61: Braubach; 178: Haass].

Zu der Universitäten übergreifenden muß eine Disziplinen übergreifende Betrachtung hinzutreten, die synchronen Entwicklungen des wissenschaftlichen Denkens nachgeht und die insbesondere bei Forschungen über die gelehrten Polyhistoren der Barockzeit, etwa Conring oder Leibniz, unerläßlich ist. Hierzu finden sich Beiträge in der Zeitschrift „Studia Leibnitiana" (Bd. 1, 1969ff.; Suppl. Bde.; Sonderhefte), in dem von Stolleis herausgegebenen Sammelband [154] über Conring und dem von Modéer [137] herausgegebenen über Pufendorf sowie in Sammelbänden der „Deutschen Gesellschaft zur Erforschung des 18. Jahrhunderts" über Thomasius und Wolff [147, 148: Schneiders Hrsg., Lit.] und der „Lessing-Akademie Wolfenbüttel" über Zentren der Aufklärung [Halle 189: Hinske Hrsg.; Leipzig 207: Martens Hrsg.]; ebenso ist ein von Vierhaus [113] herausgegebener Sammelband zu nennen, der seinen Schwerpunkt in Göttingen hat. Auf ein Problem des methodischen Zugriffs muß hingewiesen werden: Die Forschungsbeiträge behandeln vorwiegend das wissenschaftliche Denken, nicht Lehrpraxis, Didaktik und Wissensvermittlung. Es müßte konsequenter das Konzept einer Geschichte der Lehrangebote, der Lehr- und Lernmethoden sowie der Lehrbücher, der Distribution und Diffusion von Wissen zugrunde gelegt werden. Für die Wissenschafts- und Bildungsgeschichte sind nicht nur die Ideen der herausragenden Persönlichkeiten bedeutsam, sondern auch die alltägliche Wissensvermittlung in den Hörsälen heute vergessener Professoren [95: Pandel]. Neben dem Fortschritt in den Wissenschaften kommen oft die Fragen der Rezeption und der didaktischen Umsetzung des Gewußten zu kurz, die ihren eigenen Wert haben für die Sozialgeschichte der Bildung.

Interdisziplinäre Sammelbände

Defizite in der Geschichte der Lehre

Dieses Defizit findet sich insbesondere in Arbeiten, die den naturwissenschaftlichen Fortschritt oder das Voranschreiten des philosophischen Denkens betonen und die die Wirkungsmächtigkeit der humanistischen und christlichen Bildungstradition in der gesamten Frühen Neuzeit zu wenig berücksichtigen. Eine solche fortschrittsbezogene Sichtweise ging vom liberalen Bürgertum auf die marxistische Universitätsgeschichtsschreibung der ehemaligen DDR über und findet sich in Jubiläums-Sammelwerken über Halle-Wittenberg (1952), Greifswald (1956), Jena (1958), Leipzig (1959) und Rostock (1969) [176; 179; 190; 200; 227] als Grundmuster der Interpretation; dies hat allerdings auch zu überzeugenden Neubewertungen beigetragen, wie etwa zur Rolle der Universität Jena in der zweiten

Universitätsfestschriften der ehem. DDR

Hälfte des 17. Jahrhunderts in der Wirkungszeit von Weigel [190; 232: S. SCHMIDT].

Der Erfolg der Aufklärung und der aufgeklärten Reformuniversitäten hat sich der Geschichtsschreibung als vielfach nicht mehr überprüfter Bewertungsmaßstab mitgeteilt. Ohne die Leistung und den Erfolg der von Halle ausgehenden Wissenschaftsreform anzweifeln zu wollen, gilt es jedoch, auch dem von der Aufklärung denunzierten alten, scholastischen Wissenschaftsdenken und Studiensystem eine angemessene Aufmerksamkeit zu schenken. Eine Universitäts-Geschichtsforschung, die landesgeschichtliche Aspekte, die Sozialgeschichte der Bildung und die Mentalitätsgeschichte der Gebildeten einbezieht, hat hier noch Aufgaben der Differenzierung eines gelegentlich zu einlinig erscheinenden Bildes.

Beurteilung der Barockscholastik

Das „katholische Bildungsdefizit" (KARL ERLINGHAGEN, Buchtitel 1965) gab, seitdem SPINDLER [105] den Ruf des barocken Bayern zu rehabilitieren versuchte, auch zu universitätsgeschichtlichen Studien Anlaß, die neue Wege zur jesuitischen Barockscholastik weisen können [170: DICKERHOF; 313: ERLINGHAGEN; 199: KURRUS; 236: VALENTIN; 112: DE VRIES]. Die Beschäftigung mit jesuitischer Universitätswissenschaft stieß lange Zeit auf Vorbehalte eines Antijesuitismus außerhalb und innerhalb des Katholizismus. Eine intensivere Bearbeitung der Thematik der Jesuiten, und zwar auch im Vorfeld der Auflösung des Ordens 1773 sowie mit Blick auf die Folgen dieses einschneidenden Ereignisses, bleibt ein Desiderat. Ein Beispiel für die von den Jesuiten betriebene Begabtenförderung bietet PRESS [344] mit dem Lebensbild des bayerischen Kanzlers Prielmeier.

Am Ausgang des Konfessionellen Zeitalters in der zweiten Hälfte des 17. Jahrhunderts waren die Schul- und Universitätssysteme in den deutschen Ländern und Städten zwar konfessionell getrennt, aber die jeweils auf Rechtgläubigkeit bestehenden Theologien bauten auf die Konfessionen übergreifenden Fundamente der humanistischen Erudition und der aristotelischen Schulphilosophie, insbesondere der aristotelischen Metaphysik, auf. Während die Theologischen und Philosophischen Fakultäten sich so auf Aristoteles als Autorität bezogen, standen bei den Juristen das Corpus juris civilis und bei den Medizinern die Schriften Galens im Mittelpunkt – die Antike war bis tief ins 18. Jahrhundert hinein mit maßgebenden Lehrschriften der Bezugsrahmen für den tatsächlich erteilten akademischen Unterricht und bot einen Kernbestand an Wissen. Für die philosophische Lehrtradition des Aristotelismus sei auf die Darstellungen von RISSE [99] und WUNDT [239] hingewiesen. Für die

Humanistische Bildungstradition und Aristotelismus

katholischen Universitäten – außer dem benediktinischen Salzburg – waren die Vorschriften der „Ratio Studiorum" des Jesuitenordens von 1599 maßgebend [18: Pachtler; 11: Lukacs, Bd. 5].

Ablösung des Aristotelismus im evangelischen Raum

Die wenig erforschten Übergänge von der aristotelischen Scholastik zu Formen aufgeklärten Denkens waren mancherorts fließender als ein von schroffen Kampffronten (Halle gegen Leipzig, Antijesuitismus) dominiertes Bild nahelegt [90: Möller, 56ff.]. In der zweiten Hälfte des 17. Jahrhunderts wirkten sich vor allem im evangelischen Deutschland an den Universitäten geistige Strömungen aus, die zu einer Infragestellung der aristotelischen Scholastik beitrugen: Lipsianismus und Neostoizismus in Geschichtswissenschaft, Politikwissenschaft und Philologie, Cartesianismus in der Philosophie, Coccejanismus, Calixtinismus und Unionismus in der reformierten und lutherischen Theologie [135: Mager; 161: Wallmann]. Da mehrere dieser Strömungen ihren Ursprung oder ihr Verbreitungszentrum in den nördlichen Niederlanden hatten, prägte Oestreich [374] den Begriff einer „Niederländischen Bewegung". Dazu gehört auch das frühe, von Grotius ausgehende Naturrechtsdenken, wie es von Pufendorf an den Universitäten Heidelberg und Lund vertreten wurde [119: Denzer; Hammerstein in: 47: Stolleis; 137: Modéer]. Zentren eines neuen wissenschaftlichen Denkens waren nach dem Dreißigjährigen Krieg die Universitäten in Helmstedt (Calixt, Conring), Jena (Weigel), Straßburg und Altdorf (Lipsianismus) sowie Duisburg und Frankfurt/Oder (Cartesianismus, Coccejanismus, Unionismus). Die Autorität des Aristoteles und die lutherische bzw. reformierte Orthodoxie wurden so immer mehr ausgehöhlt.

Ablösung des Aristotelismus im katholischen Raum

In den katholischen Reichsteilen waren die antischolastischen Gegenbewegungen zunächst nicht so ausgeprägt. Der französische und niederländische Jansenismus wirkte erst in der Phase des Spätjansenismus auf die katholische Aufklärung ein [73: Hersche]. Die vor allem von den Benediktinern betriebene historische Quellenforschung stellte ein geistiges Gegengewicht zu der „unhistorischen" Scholastik der Jesuiten her und vermittelte die wissenschaftlichen Errungenschaften der französischen Mauriner (Mabillon) vor allem nach Österreich und Bayern [Hammermayer in: 70: Hammer/Voss; 81, 267: Kraus], freilich – abgesehen von Salzburg – nur vereinzelt an die Universitäten [170: Dickerhof; 228: Scherer]. In Norddeutschland bei Calixt und Conring und ihren Schülern und im Süden bei den „deutschen Maurinern" des Benediktinerordens bahnte sich eine Historisierung des Denkens an – anstelle der traditionellen systematischen Philosophie, die Logik und Metaphysik in das Zentrum des Fächerkanons plaziert hatte.

Historisierung des Denkens

Daß die neue, quellenfundierte Geschichtswissenschaft sich nicht auf Dauer an den Höfen (Pufendorf, Leibniz), in Klöstern (Bessel, Pez, Herrgott, Gerbert) und in Akademien (München, Mannheim) ansiedelte, sondern ihren institutionellen Ort an den Universitäten fand, ergab sich keineswegs zwingend aus der Lehrtradition dieser Anstalten – trotz mancher Ansätze in der humanistischen Bildungskonzeption und vor allem in deren neostoisch-lipsianischer Variante –, sondern dies war das Resultat der an der Universität Halle seit 1694 durchgeführten Wissenschaftsreform. Der maßgebende konzeptionelle Denker und Wortführer war der Jurist Thomasius, dessen entscheidende Leistung für das Geschichtsdenken HAMMERSTEIN [129, 181, 184] herausgearbeitet hat.

Thomasius und die Hallesche Wissenschaftsreform

Thomasius betrieb zunächst die Studienreform seines Faches, der Jurisprudenz. Aber in dem günstigen geistigen Klima von Halle, wo keine universitären Altlasten bewältigt werden mußten und wo der Neubeginn seitens des gründenden preußischen Staates gewollt war, konnte sich dieser Ansatz zu einer allgemeinen Wissenschaftsreform der Universität ausweiten. Der Jurist durfte nach Thomasius nicht nur Spezialist juristischer Praktiken, von Gesetzen und juristischer Dogmatik sein; er hatte sich ein notwendiges Fundament unerläßlicher Vor- oder Beifächer zu erwerben. Er hatte die vier großen Bereiche des *Jus civile,* des *Jus Naturae et Gentium,* des *Jus Publicum* und des *Jus circa sacra* zu überblicken sowie die speziellen Hilfswissenschaften dieser Disziplinen. Entscheidend war für Thomasius: Stets kam der historischen Ableitung eine zentrale Erkenntnisfunktion zu, und das sollte auf Dauer bedeutsame Änderungen der juristischen Materie und der Methode mit sich bringen. Geschichte, vor allem Reichsgeschichte, mußte deshalb als ein notwendiges Grundlagenfach an den Juristischen Fakultäten fest etabliert werden. Die Lehre des *Jus Publicum,* die Publizistik, konnte ohne Reichsgeschichte und deren Hilfswissenschaften nicht auskommen. Thomasius war sich hierin mit seinem ehemaligen Lehrer und jetzigen Hallenser Kollegen Stryk einig; diese beiden Gelehrten und ihre Schüler Ludewig, Gundling und Böhmer gestalteten das Jurastudium in Halle zu dem modernsten im damaligen Reich [181].

Jus und *Historie*

Der schnelle Erfolg zunächst in Halle selbst und dann in der Außenwirkung das Eindringen der Halleschen Reformprinzipien in andere Juristische Fakultäten – etwa Frankfurt, Jena und sogar das einst den jungen Thomasius ablehnende Leipzig – gaben der thomasianischen Reform recht. Hier war ein den Zeitbedürfnissen der Reichspolitik und des wissenschaftlichen Denkens gemäßer und zukunftsweisender Weg gefunden, der über die vorhergehende praxis- und anwendungsbezogene römisch-rechtliche Zivilrechtsausbildung an den Universitäten *(usus modernus pandectarum)* deutlich hinausführte. Die klassische Darstellung zur Geschichte der deutschen Rechtswissenschaft von STINTZING/LANDSBERG [46], die wegweisende Untersuchung von HAMMERSTEIN [181, daneben auch Aufsätze: 129, 183, 184, 185 und DERS. in: 164: BAUMGART/HAMMERSTEIN] und die gewichtige Geschichte des öffentlichen Rechts von STOLLEIS [48] bezeugen die Bedeutung der Zäsur und des Neuansatzes, die von Halle ausgingen. Diese Darstellungen sind auch als grundlegend heranzuziehen für die Geschichte des Erfolges der Universität Göttingen, die die Halleschen Prinzipien von „Jus und Historie" (HAMMERSTEIN) übernahm und mit einer noch verstärkten Breitenwirkung praktizierte.

Reformuniversitäten Halle und Göttingen

Über diese Schlüsselwerke hinaus hat die Göttinger juristisch-historische Schule in der neueren Forschung Interesse gefunden. Hinzuweisen ist auf die Arbeiten von EBEL [122] und LINK [in: 206: LOOS und in: 47: STOLLEIS] über Pütter, den Sammelband von LOOS [206] über Rechtswissenschaft in Göttingen, auf Monographien von BECHER [58] über den Begriff der politischen Gesellschaft (Pütter, Schmauß, Achenwall, Schlözer) und von GROLLE [127] über die Landesgeschichtsschreibung Spittlers sowie auf den Versuch einer Gesamtdarstellung von REILL [98]. Auch der Sammelband des Max-Planck-Instituts über Aufklärung und Geschichte [60: BÖDEKER u. a.] hat den lokalen Schwerpunkt in Göttingen.

Göttinger „Aufklärungshistorie"

In kritischer Auseinandersetzung mit der historistischen Tradition der deutschen Geschichtswissenschaft – repräsentiert etwa durch die Historismus-Studie von MEINECKE [86] (die keinen Bezug auf die Lehre an den Universitäten nimmt) – wurde die Frage aufgeworfen, inwieweit die Göttinger Schule die Entstehung des Historismus im 19. Jahrhundert vorbereitet und eingeleitet habe. Gegenüber der „Engführung" der historistischen Geschichtsschreibung auf die politische Geschichte wurde auf die größere thematische und methodisch-didaktische Spannbreite der Göttinger „Aufklärungshistorie" hingewiesen [98: REILL; 60: BÖDEKER u. a.; 59: BLANKE]. Die von WEHLER [51] herausgegebenen Bände über deutsche Historiker haben ein solcherart neues geschichtliches Selbstverständnis der Geschichtswissenschaft „jenseits des Historismus" als Auswahlkriterium, da sie mehrere Historiker des 18. Jahrhun-

Entstehung des Historismus als Forschungsproblem

derts, und gerade aus Göttingen, einbeziehen (Gatterer, Schlözer, Spittler, Heeren).

Trotz unbestrittener Verdienste der Göttinger Schule der „Aufklärungshistorie" bleibt einzuwenden, daß in den zuletzt genannten Forschungsbeiträgen eine verkürzende Perspektive vorherrscht, da die Modernität der Göttinger selektiv wahrgenommen wird, die Entwicklungen außerhalb der Universitäten (Akademien, Klöster, Städte) und in Süddeutschland und Österreich unterschätzt werden und im ganzen die geschichtliche Tiefendimension in der frühneuzeitlichen Bildungs- und Wissenschaftstradition (Humanismus) zu wenig Beachtung findet. Der von HAMMER und VOSS [70] herausgegebene Sammelband über historische Forschung im 18. Jahrhundert bietet hier Ergänzung und Korrektur, ebenso die Werke von MÖLLER [138: 322–517 und 90: 144–188]; auch auf die Rezension von HAMMERSTEIN zu dem Buch von REILL [98] ist hinzuweisen (ZHF 8, 1981, 363 ff.).

Geschichtsschreibung der Aufklärung und Tradition des Humanismus

Grundsätzliches gegen eine Überschätzung Göttingens und der Geschichtsschreibung der Aufklärung führt MUHLACK [93] in seinem Buch über die Vorgeschichte des Historismus aus: Der Geschichtsbegriff selbst und der „methodische Betrieb" der Geschichtswissenschaft belegen, daß die Aufklärungs-Historiographie ebenso wie die vorangegangene Geschichtsschreibung des Humanismus zwar als wesentliche Phasen zur Vorgeschichte, aber nicht zur eigentlichen Geschichte der historistischen Wissenschaftsrevolution des 19. Jahrhunderts zu zählen sind. Die historiographischen Strömungen der Reichsgeschichte (Pütter), Zivilisationsgeschichte (Gatterer, Schlözer) und Staatengeschichte (Achenwall, Heeren), wie sie in Göttingen vertreten waren, blieben – trotz der Leistungen in kritischer Quellenforschung – letztlich einer zeitlos vorgegebenen normativen, didaktisch-pragmatischen Zwecksetzung für ihr Vorverständnis verpflichtet und vollzogen noch nicht den Durchbruch zur vollständigen Historisierung und zum Immanenzgedanken im Verstehen geschichtlicher Phänomene. Mit der Rückbeziehung der aufklärerischen Geschichtswissenschaft, auch in ihrer in Deutschland fortgeschrittensten Form in Göttingen, auf die ältere Wissenschaftstradition des Humanismus gibt MUHLACK [93] ein Richtmaß für die Forschung und unterstreicht die Zugehörigkeit auch noch der Spätaufklärung zur Wissenschaftsgeschichte der Frühen Neuzeit.

Vorgeschichte des Historismus

Didaktisch-pragmatischer Zweck der Geschichte

Ein „Göttingen des Südens" war die Universität Straßburg durch das Wirken von Schöpflin und Koch. Hier hat das Buch von VOSS [158] eine Neubewertung gebracht. Schöpflins Geschichtsschreibung und seine Gründung einer Diplomatenschule erwuchsen aus einer älteren, späthumanistischen Tradition, die in Straßburg lebendig geblieben war (Lipsianismus). Dieser geistesgeschichtliche Zusammenhang muß neben der Zäsur der thomasianischen Wissenschaftsreform in Halle und relativ unabhängig von deren weitreichenden Wirkungen beachtet werden. Zu Koch vgl. eine Studie von Voss [159].

Straßburg neben Göttingen

Die Halleschen Prinzipien wurden für die Universitätsreform im katholischen Reich maßgebend. Hammerstein [182] hat nachgewiesen, in welch großem Umfang hierbei dem Wolff-Schüler Ickstatt zunächst in Würzburg, dann in Ingolstadt eine Schlüsselrolle zukommt. Ickstatt stieß seit den 1730er Jahren eine Bewegung der Universitätsreform in den katholischen Territorien an, die ihren Höhepunkt in den 1780er Jahren – jetzt unter dem Eindruck des Göttinger Erfolgs – in der Mainzer Universitätsreform und in den Neugründungen in Münster und Bonn fand. Die von der katholischen Aufklärung geprägte Universität, die auch eine Reformuniversität war, haben für Mainz Mathy [208] und Pick [221], für Bonn Braubach [168], für Münster Hanschmidt [188] und für Würzburg Schindling [230] untersucht. Für Österreich sind die klassische Wiener Universitätsgeschichte von Kink [192] und das Werk von Hammerstein [182, 186] sowie die Arbeit von Posch [222] über Graz und die von Zeeden [241] über Freiburg im Breisgau zu nennen. Der Anteil der alten Orden an der Universitätsreform wird in Studien von Hammermayer [71, 180] und Wi. Müller [219] über Salzburg und Ingolstadt behandelt. Zur Rezeption der Aufklärung in katholischen Territorien Süddeutschlands sei ferner hingewiesen auf Bd. 3 (1984) des „Rottenburger Jahrbuchs für Kirchengeschichte" (Beiträge von Dickerhof, Schindling u. a.) und Bd. 54, Heft 1 (1991) der ZBLG (Tagungsbeiträge).

Katholische Reformuniversitäten der Aufklärung

Die theresianisch-josephinische Universitätsreform in den habsburgischen Ländern war durch einen rigorosen Etatismus gekennzeichnet, der durch die Reglementierung von Lehrgebieten, Lehrstoffen und Lehrbüchern eine gegenläufige Entwicklung zu der an der protestantischen Universität Göttingen vorbildhaft praktizierten Lehrfreiheit brachte. Infolge dieses Etatismus war der katholischen Aufklärung in Österreich und Bayern eine Kontinuität bis weit ins 19. Jahrhundert hinein gesichert („Allgemeine Wissenschaften" = Philosophiekurs an Universitäten und Lyzeen) [171: Dickerhof; 217: R. A. Müller]; es wurde jedoch auch eine gefährliche Eingrenzung für das forschende Denken vorgeschrieben, und der

Etatismus der österreichischen Universitätsreform

Zugang zur akademischen Bildung wurde durch die staatlich verordnete Senkung der Immatrikulationszahlen eingeengt [195, 196: Klingenstein; 352: Wangermann].

Emanzipation geschichtlicher Fächer von Theologie und Jurisprudenz?

Das Resultat der Halleschen Wissenschaftsreform von Thomasius war, daß in der deutschen Reformuniversität des 18. Jahrhunderts die Jurisprudenz – anstelle der Theologie – zur neuen Leitwissenschaft wurde mit der Geschichte als ihrer vornehmsten Hilfsdisziplin. Göttingen brachte Vorboten für die Emanzipation der geschichtlichen Fächer von der Jurisprudenz. Mehr als für die Geschichte im engeren Sinne mit ihren Hilfswissenschaften wie Diplomatik, Heraldik, Sphragistik, Chronologie und Genealogie (Köhler, Gatterer) und die Staatenkunde/Statistik (Achenwall, Schlözer, Heeren) [Seifert in: 292: Rassem/Stagl] gilt dies für die klassische Philologie, die von Gesner und Heyne als eine sich zunehmend autonom verstehende Disziplin, als Altertumswissenschaft, vertreten wurde [30: Bursian; Muhlack in: 113: Vierhaus]. Der geisteswissenschaftliche Paradigmenwechsel, der dem autonomen Selbstverständnis der Philosophischen Fakultät im Berliner Modell Humboldts zugrunde liegt, wurde in Göttingen zwar teilweise angebahnt, aber noch nicht vollzogen [Muhlack in: 164: Baumgart/Hammerstein].

Kirchengeschichte und Historisierung des Denkens

Die alte, nunmehr an gesamtuniversitärem Gewicht allmählich verlierende Leitwissenschaft, die Theologie, hatte einen eigenständigen Anteil an der Neuorientierung des wissenschaftlichen Denkens durch Historisierung [kath.: 52: Werner; 100: Schäfer; prot.: 54: Aner; 34, 35: Greschat; Sparn in: 113: Vierhaus] – dies wird in einer zu sehr nach Disziplinen trennenden Wissenschaftsgeschichtsschreibung manchmal übersehen. Die Kirchengeschichte löste sich seit der zweiten Hälfte des 17. Jahrhunderts zunehmend aus einer konfessionell-apologetischen Zwecksetzung und gewann eigenes Gewicht als Grundlagendisziplin: Bei den Protestanten geschah dies, seitdem die calixtinischen Ireniker den Glaubenskonsens der ersten fünf Jahrhunderte beschworen und mit dem Aufkommen einer kritisch relativierenden Dogmengeschichte in der Auseinandersetzung der Pietisten und der Neologen mit der Orthodoxie (Arnold, Francke, Mosheim, Walch, Semler, Schröckh); und bei den Katholiken erfolgte eine solche Entwicklung vor allem in Verbindung mit einer romkritischen Kanonistik, die die geschichtlich gewordenen Rechte der Reichskirche im Sinne eines „national"-deutschen Episkopalismus betonte (Barthel, Neller, Hontheim-Febronius, Schmidt, Dannenmayer) [96: Raab; 132: Kraus]. Parallel dazu und in fruchtbarer Wechselwirkung kam die philologische Textkritik in der Bibelexegese auf [103: SCHOLDER]. Die Etablierung von Kirchengeschichte als theologisches Spezialfach war ein dauerhaftes Ergebnis aufgeklärter Wissenschaftsreform. Besonders systematisch wurde dies im josephinischen Österreich durch den Studienreformplan von Rautenstrauch verwirklicht, der neben der Kirchengeschichte auch die Pastoraltheologie als Grundlagenfach vorschrieb und der für das außerösterreichische katholische Deutschland Vorbildcharakter gewann [136: MENZEL; 202: LESCH]. Für die Kirchengeschichte an den Universitäten des 18. Jahrhunderts sind die Darstellungen von MEINHOLD [87] und SCHERER [228] grundlegend.

Theologische Studienreform in katholischen Territorien

Einen originellen Zugang zum Geschichtsdenken an Universitäten des späteren 18. Jahrhunderts entwickelt PANDEL [95], ausgehend von der Theorie- und Didaktikgeschichte der Geschichtswissenschaft. PANDEL fragt nach dem Durchbruch zur Narrativität in der Geschichtsdarstellung. Die Erzählung, die bis dahin neben der katechetischen, tabellarischen und annalistischen Darstellung eher eine Randstellung eingenommen hatte, wurde nun zur dominierenden Darstellungsweise. Sie erwies sich als leistungsfähiger, um Genesen darzustellen sowie das enorm zugenommene Wissen darstellerisch zu verarbeiten, ohne den Umfang auszuweiten. Der Wissenszuwachs stellte die Historiker zudem vor die Frage, wie das nach den neuen kritischen Verfahren erzeugte Wissen auch in die verschiedenen Gruppen und Schichten der Bevölkerung verteilt werden konnte. Solche Distributionstheorien, verbunden mit den Regeln des Forschens und Regeln des Lehrens von Geschichte („Historik und Didaktik“), waren nach dem zeitgenössischen Verständnis Aufgabe der Universitätshistoriker, die diese Kompetenz gegen die Pädagogen verteidigten (Schlözer-Basedow-Kontroverse). Im Historismus des 19. Jahrhunderts bricht diese Art der theoretischen Beschäftigung ab; die Methode des Forschens tritt in den Vordergrund.

Narrativität in der Geschichtsdarstellung

Das Aufkommen der historischen Forschung in der aufgeklärten Reformuniversität des 18. Jahrhunderts kann man als Hinwendung zur Empirie charakterisieren. Dieselbe konsequente Wende zum Empirischen fand sich gleichzeitig in den experimentellen Naturwissenschaften und in dem neben Theologie und Jurisprudenz vornehmsten traditionellen Universitätsfach, in der Medizin. Die „scientific revolution“ Westeuropas [69: HALL; 107: THORNDIKE; 160: F. WAGNER] fand in Deutschland in den Medizinischen Fakultäten der Universitäten statt [187: HAMMERSTEIN]. Es stellte sich die

„Scientific Revolution“ und deutsche Universitäten

Aufgabe, die traditionelle „dogmatische“ Medizin, die von den antiken Schriften Galens ausging, zu überwinden, einmal durch Einbeziehung der sich entwickelnden physikalischen und chemischen experimentellen Forschung und zum anderen durch konsequente Beobachtung des menschlichen Körpers und seiner Krankheiten am Krankenbett [65: Diepgen; 88: Meyer-Steineg/Sudhoff].

Medizinische Studienreform in Halle

Die Einführung des klinischen Erfahrungsunterrichts wurde zum zentralen Anliegen der medizinischen Studienreform des 18. Jahrhunderts, und dementsprechend wurde die Verbindung der Medizinischen Fakultät mit einem großen Krankenhaus zu einer Strukturvoraussetzung für einen erfolgreichen medizinischen Studienbetrieb. Auch hier war es Halle, das unter den deutschen Universitäten neue Wege wies. Praxis in den Spitälern der Stadt, getragen von einem pietistischen Engagement, und theoretische Systematisierung des medizinischen Lehrstoffes mit der mathematisierenden Darstellungsmethode von Leibniz und Wolff zeichneten die bedeutenden Halleschen Mediziner Stahl und Hoffmann aus. Stahl betonte die Bedeutung der Seele für Krankheit und Gesundheit des Menschen, Hoffmann die Bewegung der Fasern des Nervensystems. Ihrem Ansehen und dem Kontext des Pietismus war es zuzuschreiben, daß das Medizinstudium in Halle ebenso schnell einen Aufschwung erlebte wie das Jurastudium. Die Reform des preußischen Medizinalwesens unter Friedrich Wilhelm I. und die Einrichtung von Sanitätskollegien (1725) wurden wesentlich von Halle aus angeregt, ebenso der Ausbau medizinischer Anstalten in Berlin (Charité, Anatomisches Theater).

Boerhaave in Leiden, seine Schüler in Wien und Göttingen

Der bedeutendste europäische Arzt zu Beginn des 18. Jahrhunderts war Boerhaave in Leiden, ein Meister des klinischen Unterrichts. Sein Schüler van Swieten brachte die Prinzipien eines modernen Medizinstudiums nach Wien, wo er als Leibarzt Maria Theresias auch die Reform der Medizinischen Fakultät durchführte [203: Lesky; 205: Lesky/Wandruszka; 223: Probst]. Wien wurde durch die von van Swieten begründete „ältere Wiener Schule der Medizin“ (de Haën, Stoerck, Stoll) zu einem Zentrum der Heilwissenschaft, vor allem da Joseph II. die großzügige Neugründung des Wiener Allgemeinen Krankenhauses für Lehre und Forschung der Fakultät zur Verfügung stellte (1784) [204: Lesky]. Das Wiener Allgemeine Krankenhaus, eine moderne Anstalt zur Heilung und zum medizinischen Unterricht, wurde von Fürstbischof Franz Ludwig von Erthal in Würzburg und Bamberg zum Vorbild genommen [238: Wendehorst/Merzbacher].

Der erste ärztliche Naturforscher in einem modernen Sinne und zugleich der letzte Universalgelehrte war der Göttinger Medizinprofessor Haller, ebenfalls ein Schüler von Boerhaave. Hallers Lehrbücher der Physiologie, seine Untersuchungen der Muskelgewebe und der Nerventätigkeit sowie seine botanischen Schriften waren bahnbrechend. Anatomie, Laboratorium und botanischer Garten bedeuteten für Haller unabdingbare Einrichtungen für seine forschende Lehre [155: TOELLNER]. In Göttingen war nach Hallenser Vorbild von Anfang an auch die Verbindung der Medizinischen Fakultät mit Krankenhäusern gegeben; sogar eine Klinik für Geburtshilfe (Accouchierklinik) und ein entsprechender Lehrstuhl (Roederer) wurden 1751 eingerichtet, nachdem in Straßburg die Geburtshilfe schon 1737 als Spezialfach eingeführt worden war (Fried) [173: EULNER, 285f.]. Die Medizin war insgesamt an den führenden Fakultäten in Halle, Straßburg, Göttingen und Wien voll eingebunden in die Wissenschaftsreform der Aufklärung; dies ergab sich zwanglos, da viele Mediziner ihre Arbeit im Sinne eines polyhistorischen Gelehrtenideals verstanden (Conring, van Swieten, Haller). Die Einbeziehung von physikalischer, chemischer und pharmazeutischer Laborarbeit, von Chirurgie und möglichst intensiver klinischer Erfahrung in die Lehre bereiteten die Entstehung medizinischer Spezialfächer vor, die dann im 19. Jahrhundert Binnenstruktur und Selbstverständnis der Medizinischen Fakultäten neu formieren sollten [173: EULNER].

Führende Medizinische Fakultäten

Entstehung medizinischer Spezialfächer

Die erfolgreiche Verbindung von aufgeklärter Wissenschaftsreform und Universität in Deutschland war eine fundamentale Weichenstellung. Sie wirkte sich sozialgeschichtlich allerdings nicht in einer gesteigerten Attraktivität des Studiums und einem ansteigenden Universitätsbesuch aus. Der Höchststand in der Frequenz der deutschen Universitäten wurde nach EULENBURG [172] um 1600, nach der korrigierten Berechnung von FRIJHOFF [174, DERS. in: 191: JULIA/REVEL, Bd. 1] jedoch um 1700 erreicht. Es gab unmittelbar nach dem Dreißigjährigen Krieg eine Regenerationsphase der Universitäten mit einem steilen Anstieg von Studentenimmatrikulationen, dann folgte eine Stagnation mit Schwankungen bis in die Mitte des 18. Jahrhunderts auf relativ hohem Niveau, und von den 1740er Jahren an kam es zu einem stetigen Absinken der Immatrikulationszahlen.

Absinken der Immatrikulationen von Studenten im 18. Jh.

Mit Blick auf die Frequenz müßte man also eher von einer Krise der Universität in der zweiten Hälfte des 18. Jahrhunderts sprechen – eine bemerkenswerte Gegenläufigkeit zu dem dargestell-

Sorge vor einer „Akademikerschwemme“

ten Reformerfolg. Die Krise betraf in erster Linie die kleinen und die nicht reformierten Anstalten, sie hatte die verbreitete Sorge vor einer „Überproduktion“ von Studierten, vor einer „Akademikerschwemme“, als Hintergrund [196: KLINGENSTEIN; 340: MELTON; 345: QUARTHAL], und sie führte im josephinischen Österreich dazu, daß bisherige Universitäten zu Lyzeen herabgestuft wurden (Graz, Innsbruck, Olmütz/Brünn) [352: WANGERMANN]. Es gilt aber festzuhalten: Die Reformuniversitäten – die Neugründungen Halle und Göttingen und die sich reformierenden Universitäten Jena, Leipzig, Königsberg, Ingolstadt, Würzburg, Straßburg und Mainz (Reihenfolge hier nach der von EULENBURG [172] errechneten durchschnittlichen Jahresfrequenz 1700–1790) – zogen Studenten an und waren voll ausgelastet, obwohl auch hier die Immatrikulationszahlen langfristig zurückgingen. Halle war zu Beginn des Jahrhunderts, Göttingen in seinem späteren Verlauf die größte deutsche Universität, jeweils mit einem hohen Anteil von Juristen, im Falle Göttingens auch von adeligen Studenten. Allerdings konnten auch nichtreformierte Universitäten wie Köln und Wittenberg ihre traditionell hohe Studentenfrequenz halten. Der quantitative Rückgang in der Gesamtzahl der Immatrikulationen korrespondierte mit einer qualitativen Verbesserung in der Ausbildung intellektueller Eliten zumindest an den Reformuniversitäten.

Sozialgeschichte des Universitätsbesuchs als Forschungsaufgabe

Für die Sozialgeschichte des Universitätsbesuchs bilden noch immer die Frequenzberechnungen von EULENBURG [172] die unentbehrliche Grundlage. Daß sie jedoch ergänzungs- und korrekturbedürftig sind, zeigen FRIJHOFF [174, DERS. in: 191: JULIA/REVEL, Bd. 1] und VOSS [158], ganz abgesehen davon, daß EULENBURG [172] die österreichischen Universitäten (außer Freiburg) und Salzburg weitgehend unberücksichtigt läßt. Für die Anwendung der differenzierten Methoden der modernen Matrikelforschung, wie sie für das Spätmittelalter entwickelt worden sind, eröffnet sich hier noch ein weites Arbeitsfeld, das zugleich für die Sozialgeschichte der Aufklärung in Deutschland wichtige Ergebnisse bringen könnte [exemplarisch: 175: FRIJHOFF; SCHWINGES in: 211: MORAW/PRESS].

2. Alternativen zur Universität? – Hof, Kloster, Stadt, Akademiebewegung

Die wissenschaftliche Innovation bahnte sich im 17. Jahrhundert teilweise außerhalb der Universitäten an. Bedeutende Gelehrte wie Pufendorf, Seckendorff, die frühen Kameralisten und Leibniz waren nie oder nur zeitweise im akademischen Lehramt tätig. Die Stellung als Hofgelehrte (Hofhistoriograph, Hofbibliothekar) schien ihnen erstrebenswerter, und Leibniz propagierte die Idee der dem Hof verbundenen Akademie als Stätte wissenschaftlicher Forschung (Berlin, Wien, St. Petersburg). Große Hofbibliotheken wie in Wien und Wolfenbüttel konnten die Arbeit eines Hofgelehrten begünstigen [97: RAABE], ebenso die dem Zeitgeist des Barock eng verbundene Aufgabenstellung höfisch-dynastischer Geschichtsschreibung [63: CORETH; 81: KRAUS; 92: MORAW; 271: ORTNER]. Der Erfolg der von den Universitäten völlig getrennten wissenschaftlichen Akademien in London und Paris, im katholischen Raum auch der der französischen Benediktiner-Kongregation von St. Maur (Mauriner) wirkte sich in entsprechenden Initiativen in den deutschen Ländern aus.

Hofgelehrte

In dem Repräsentationsprogramm des barocken Hofes kam der Wissenschaft und dem Hofgelehrten ebenso ein fester Platz zu wie den bildenden Künsten und dem Hofkünstler. Über Pufendorf orientiert das Lebensbild von HAMMERSTEIN, über Seckendorff dasjenige von STOLLEIS [beide in: 47: STOLLEIS, Lit.]. Eine Einführung in Leben und Werk des universalen Leibniz geben FINSTER und VAN DEN HEUVEL [123, Lit.], im übrigen dokumentieren die „Studia Leibnitiana" die reiche Forschung. Für Leibniz' gelehrte Leistung als Historiograph des Welfenhauses und als Reichspublizist sei auf die Arbeiten von HAMMERSTEIN [128] und SCHEEL [in: 70: HAMMER/VOSS] hingewiesen, für seine Akademiegründung in Berlin auf VON HARNACK [259], für entsprechende Wiener Pläne auf HAMANN [254] und für seinen Akademiegedanken „zwischen utopischem Entwurf und barocker Projektmacherei" auf KANTHAK [263]. Das höfische Mäzenatentum müßte in seiner Entwicklung vom Barock bis zur Weimarer Klassik untersucht werden, und zwar unter Einbeziehung sowohl von Gelehrten als auch von Dichtern, denn die Grenzen zwischen beiden Gruppen blieben fließend, und noch ein Goethe, Wieland, Herder und Schiller hatten Züge von Hofgelehrten wie ein Jahrhundert zuvor Leibniz. Zum Weimarer Musenhof sind grund-

Residenzakademien und Musenhöfe

legend die Arbeiten von TÜMMLER [109, 156] und die Darstellung von BARTH [57].

Gebildete Beamte

Die sozialgeschichtliche Problematik des bürgerlichen Gelehrten bzw. Dichters in der höfisch-aristokratischen Gesellschaft verdient besonderes Interesse, wobei der Personentypus des vielseitig gebildeten Beamten im Zeichen des aufgeklärten absolutistischen Staates zunehmend ein relativ unabhängiges, ständisch neutrales Profil gewann (z. B. die preußischen Justizreformer Carmer, Svarez und Klein oder Hertzberg in Berlin, van Swieten Vater und Sohn oder Felbiger und Rautenstrauch in Wien, Lori und Osterwald in München, Fürstenberg und Overberg in Münster, Goethe in Weimar) [138: MÖLLER, 246 ff. u. ö. sowie 90: DERS., 232 ff. und 289 ff.].

Ritterakademien und Adelsbildung

Die allmähliche Verschiebung der Schwerpunkte von der traditionellen Lehensaristokratie zur staatlichen Beamtenschaft und die ständisch nivellierenden Tendenzen in der Aufklärung ließen die Ritterakademien als Anstalten exklusiver Adelsausbildung, die im Rahmen der „aristokratischen Reaktion" um 1600 entstanden waren, im Laufe des 18. Jahrhunderts an Bedeutung verlieren. CONRADS [359] gibt eine Gesamtdarstellung der Ritterakademien des 16. und 17. Jahrhunderts bis zur 1687 gegründeten Ritterakademie in Wolfenbüttel. Im 18. Jahrhundert wurden zwar noch weitere Ritterakademien gegründet [Verzeichnis und Bibliographie bei: 359: CONRADS], aber zu der wichtigsten Ausbildungsstätte für karrierebewußte junge Adelige wurde jetzt die Juristische Fakultät der Reformuniversität Göttingen.

Akademiebewegung des 18. Jh.s im Reich

Ein besonderer Ausdruck höfischer Kulturpolitik im 18. Jahrhundert war die Gründung der staatlichen Akademien zumeist in Residenzstädten, wobei die Pariser Akademien als Vorbild dienten, die ihre Entstehung dem französischen Absolutismus verdankten: Die älteste dieser Akademien war jene zu Berlin, gegründet 1700 auf Initiative von Leibniz hin. 1751 folgte die Göttinger „Sozietät der Wissenschaften", entstanden im Zusammenwirken der Regierung zu Hannover und des Göttinger Professors Haller; 1753 die Akademie zu Erfurt, gegründet vom Kurmainzer Statthalter Freiherr von Lincker; 1759 die Kurbayerische Akademie der Wissenschaften in München, gegründet von Lori, damals Münz- und Bergrat; 1763 die Kurpfälzische Akademie zu Mannheim, gegründet auf den Rat des Straßburger Professors Schöpflin hin; 1772 die Brüsseler Akademie, gegründet ebenfalls unter Mitwirkung von Schöpflin; schließlich dann die „Böhmische Gesellschaft der Wissenschaften", die – mehr private Gelehrtensozietät als staatliche Einrichtung – in Prag 1770/84 entstand.

Die Akademien waren unterschiedlich finanziert. Berlin und München hatten die höchsten regelmäßigen Etats pro Jahr, Erfurt und Prag blieben ohne ständige Einkünfte. Die allen Akademien gemeinsamen Wissenschaftsgebiete waren Naturwissenschaften und Geschichte. Ausgeschlossen wurden in der Regel Jurisprudenz, Theologie und Politik, da man polemischen und apologetischen Tendenzen grundsätzlich keinen Raum gewähren wollte. Überblicke über die deutschen Akademien des 18. Jahrhunderts geben DICKERHOF [244], HAMMERMAYER [in: 356: AMBURGER u. a.], KRAUS [267], H.-H. MÜLLER [270] und VOSS [275], die die Spezialliteratur über die einzelnen Akademien verzeichnen. Auch auf einen von HARTMANN und VIERHAUS [260] herausgegebenen Sammelband ist hinzuweisen (u. a. Beitrag von KRAUS über historische und naturwissenschaftliche Forschung an Akademien). Die mit Abstand am besten erforschten Akademien sind die Berliner und die Münchener, deren Geschichtsschreiber Maßstäbe gesetzt haben: VON HARNACK [259], HAMMERMAYER [257, 258], KRAUS [266, 269].

Vorbildliche Akademie-Geschichten

Angelehnt an das französische – und das (anders strukturierte) englische – Modell, hat man manchmal auch für Deutschland den institutionellen Träger des wissenschaftlichen Fortschritts im 18. Jahrhundert in den Akademien sehen wollen. VON HARNACK [259] hat mit seiner klassischen Geschichte der Berliner Akademie diese Sichtweise gefördert, die auch DILTHEY [120] vertrat. Die vermeintlich in Schultraditionen erstarrten und bloß der Lehre dienenden Universitäten wurden der nicht durch Konventionen behinderten, innovativen naturwissenschaftlichen und philologisch-historischen Forschung in den Akademien gegenübergestellt. Leibniz und die Berliner Akademie waren das bedeutende Exempel.

Akademien als Träger wissenschaftlichen Fortschritts?

Die Rolle der Akademien wurde durch die neuere Forschung relativiert. Die von HAMMERSTEIN [181, 182, 184, 185, 187] herausgearbeitete Reform der Universitäten, ausgehend von Halle, erweist sich im Vergleich als der wissenschafts- und bildungsgeschichtlich bedeutsamere Traditionsstrang. Es war keineswegs so, als ob die aufgeklärte Reformuniversität forschungsfern gewesen wäre. In Göttingen war die „Sozietät der Wissenschaften" bloß ein Annex der Universität; das wissenschaftliche Leben fand in der Hochschule statt und wirkte von hier in den elitären Zirkel der Akademie hinein, wo denn auch Professoren wie Haller und Heyne den Ton angaben. Die Münchener Akademie war eine zentrale Sammelstelle

Relativierung der Akademien durch Universitätsgeschichte

aufgeklärter wissenschaftlicher Aktivitäten in Bayern – durchaus auch mit dem Ziel einer Studienreform – zu einem Zeitpunkt, wo an der Landesuniversität Ingolstadt der Jesuitenorden noch für das alte, scholastische Studiensystem einstand: die Akademie als eine „Universität im Wartestand“ [244: DICKERHOF, 65 f.]. Auch gescheiterte Projekte zur Gründung einer Akademie zeigen die angestrebte Anbindung an eine Universität [PRESS über Gießen in: 211: MORAW/PRESS].

Naturwissenschaft und Geschichtswissenschaft an den Akademien

Eine Überprüfung der konkreten wissenschaftlichen Leistungen der Akademien in den gedruckten Akademieabhandlungen und Preisschriften [Bibliographien bei: 267: KRAUS und 270: H.-H. MÜLLER], sowohl auf dem Gebiet der Naturwissenschaften als auch auf dem Gebiet der Geschichte, ergibt ein ambivalentes Bild: Spitzenleistungen sind selten, Wertvolles steht neben viel Mittelmäßigem. In Mathematik und Naturwissenschaften wurde am meisten in Berlin geleistet (Maupertuis, d'Alembert, Euler, Lambert), aber auch dies hält einem Vergleich mit den großen Entdeckungen und Erkenntnisfortschritten in Paris und London nicht stand. In Göttingen war Haller als Naturforscher bedeutend, aber nicht die Akademie als Institution, so sehr er sie zeitweise dominierte [TOELLNER in: 260: HARTMANN/VIERHAUS]. Für die Grundlegung einer quellenbezogenen landesgeschichtlichen Forschung, vor allem zum Mittelalter, haben die Akademien in München und Mannheim bleibende Verdienste, wie FUCHS [247] und KRAUS [266] dargestellt haben. Entscheidende Impulse kamen für Mannheim freilich von Schöpflin aus Straßburg, einem Universitätsprofessor [158: VOSS]. Die Leistung von Akademiegelehrten in der Erschließung und Kritik von Quellen – sowohl für die schriftlichen als auch für die nichtschriftlichen Geschichtsquellen – ist hoch zu bewerten; aber bedeutende Werke der Geschichtsschreibung im späteren 18. Jahrhundert, etwa die Werke von Möser, Spittler, Nicolai, Schiller und Müller, entstanden gerade nicht in einem engeren Zusammenhang mit Akademien [86: MEINECKE; 127: GROLLE; 138: MÖLLER; 118: BONJOUR; 142: PAPE].

Begrenzter Wirkungskreis der Akademien

Der höfisch-elitäre Ursprung der staatlichen Akademien und die bewußte Ausklammerung der kontroversenträchtigen Wissenschaften Theologie, Jurisprudenz und Politik begrenzten von vornherein den möglichen Wirkungskreis der Akademien im Vergleich zu den Universitäten. In den bilanzierenden Überblicken über das Akademiewesen des 18. Jahrhunderts von DICKERHOF [244], HAMMERMAYER [in: 356: AMBURGER u. a.] und VOSS [275] werden diese

Grenzen sehr deutlich, am klarsten markiert von DICKERHOF [244] (vgl. DERS. in: RottJbKiG 3, 1984). Die Humboldtsche Universitätsreform am Beginn des 19. Jahrhunderts entwickelte sich demgemäß sinnvoll aus der Reformuniversität der Aufklärung, aber nicht aus der Aufklärungs-Akademie [MUHLACK in: 164: BAUMGART/HAMMERSTEIN].

Mit ihren Preisaufgaben haben die Akademien jedoch zeitgenössisch Außenwirkung erzielt und stimulierend auf das intellektuelle Leben gewirkt, und zwar sowohl im naturwissenschaftlichen als auch im historisch-antiquarischen und im praktisch-ökonomischen Bereich [267: KRAUS, DERS. in: 260: HARTMANN/VIERHAUS; 270: H.-H. MÜLLER]. Mit den „Göttingischen Gelehrten Anzeigen" schuf die Göttinger Akademie unter Hallers Führung ein wichtiges Rezensionsorgan. Auch eine kleine Akademie wie die Erfurter konnte dank der Förderung durch Dalberg Impulse geben [124: FREYH]. Die Positionen der Präsidenten und Sekretäre der Akademien boten verdienten Gelehrten ein angemessenes Wirkungsfeld außerhalb der Zwänge des Universitätslebens (Leibniz, Maupertuis, d'Alembert in Berlin; Haller in Göttingen; Schöpflin, Lamey in Mannheim; Lori, Kennedy, Westenrieder in München) [259: VON HARNACK; 155: TOELLNER; 21: SCHNABEL; 158: VOSS; 256, 257: HAMMERMAYER]. Eine sozialgeschichtliche Analyse der Mitglieder aller deutschen Akademien ist ein Desiderat [90: MÖLLER, 255].

Akademiepublikationen, Akademiegelehrte

Vor allem durch HAMMERMAYER [zusammenfassend in: 356: AMBURGER u. a.] ist die Annahme einer Sonderrolle der staatlichen Akademien eingeschränkt worden. Neben den staatlichen oder Residenzakademien gab es eine Vielzahl von akademieähnlichen Gesellschaften und von Gründungsversuchen, neben den Vollakademien mit mathematisch-naturwissenschaftlicher und philologisch-historischer Klasse auch Spezialakademien. Die Grenzen von den Akademien zu den um die nützlichen Wissenschaften bemühten Patriotischen Gesellschaften waren fließend. Eine Sonderstellung nahm der Benediktinerorden ein mit ordensinternen Akademieprojekten (Legipont aus Köln, Desing aus Ensdorf), wie sie vor allem im Rahmen der Bayerischen Benediktiner-Kongregation verfolgt wurden [255, 256: HAMMERMAYER; 10, 81, 265, 266, 267: KRAUS; ZIEGLER in: 166: BOEHM/RAIMONDI] und wie sie in Olmütz (Societas Incognitorum), in St. Blasien (Gerbert) und in St. Emmeram in Regensburg teilweise realisiert wurden [HAMMERMAYER in: 70: HAMMER/VOSS; 272: PFEILSCHIFTER; 140: WO. MÜLLER]. Ähnliche Bestrebungen gab es bei den bayerischen Augustiner-Chorherren [245:

Geistliche Orden und Akademiebewegung im katholischen Reich

van Dülmen]. Beteiligung von Ordensgeistlichen war für die Akademiearbeit in München und Prag wichtig, etwa Kennedy, Zirngibl, Dobner und Dobrovsky [10, 81, 265, 266: Kraus; 262: Kalousek; 115: Winter]. Zur wissenschaftlichen Bedeutung bayerischer Klosterbibliotheken vgl. Schmid [in: 97: Raabe]. Die Vielzahl der möglichen Vereinigungsformen gelehrter Gesellschaften erweist die staatlichen Akademien als eine Variante unter mehreren, weshalb Hammermayer [255, Ders. in: 356: Amburger u. a.] den treffenden Begriff einer „Akademiebewegung“ eingeführt hat, die einen die Institutionen übergreifenden Charakter für die Sozialgeschichte der Bildung hatte.

Staatliche Akademien als Variante gelehrter Gesellschaften

Gelehrsamkeit im bürgerlich-städtischen Raum

In den Städten mit entstehender bürgerlicher Öffentlichkeit gab es vielfältige Beispiele gelehrter Arbeit ohne den Zusammenhang mit einer Akademie bzw. zumindest ohne den mit einer der staatlichen Akademien. Eine besondere Rolle spielte dabei die früh gegründete Akademie der Naturforscher Leopoldina, die mit den Reichsstädten Schweinfurt, Nürnberg und Augsburg und ihren Ärztekollegien verbunden war [Winau in: 260: Hartmann/Vierhaus]. In den Reichsstädten gab es Autoren von Städtechroniken als Träger der Tradition einer spezifisch städtisch-bürgerlichen Literaturgattung, so Lersner in Frankfurt und Gemeiner in Regensburg. Im 18. Jahrhundert sind bürgerliche Gelehrte in den unterschiedlichsten Stellungen zu nennen, für deren wissenschaftliche Arbeit die Akademien ebenso wie die Universitäten kaum eine Rolle spielten: Vater und Sohn Moser vornehmlich in Stuttgart und in Darmstadt, die Gebrüder Senckenberg in Frankfurt, Brockes, Reimarus und Büsch in Hamburg, Möser in Osnabrück, Jacobi in Düsseldorf, Garve in Breslau sowie Mendelssohn und Nicolai in Berlin – höchst unterschiedliche Persönlichkeiten, die aber alle für Wissenschaft und Bildung im bürgerlich-städtischen Raum repräsentativ sind. Für den älteren Moser sei auf Laufs [in: 47: Stolleis, Lit.] verwiesen, für den Arzt und Stifter Senckenberg auf de Bary [116] und Mann [in: 97: Raabe], für die Hamburger Aufklärungsgelehrten auf Loose [134] und Kopitzsch [264, Ders. in: 300: Vierhaus], für Möser auf Schröder [in: 47: Stolleis, Lit.] und einen von Woesler [163] herausgegebenen Sammelband, für Nicolai und Mendelssohn auf Möller [138]. Gerade im Berlin der spätfriderizianischen und nachfriderizianischen Zeit formierte sich ein bürgerliches Geistesleben und ein Literaturbetrieb unabhängig vom Hof und von der französisch geprägten Akademie, wobei Nicolai, sein Verlag und die Mittwochsgesellschaft im Zentrum standen [91: Möller, 377 ff.].

Beurteilung der Akademien durch die neuere Bildungsgeschichte

Die Untersuchungen von MÖLLER [138, 90, 91] relativieren aus dem bürgerlichen Berliner Blickwinkel die Rolle der staatlichen preußischen Akademie ebenso wie die Untersuchungen von HAMMERSTEIN [181, 129, 183, 184, 187, DERS. in: 164: BAUMGART/HAMMERSTEIN] aus dem Blickwinkel der Universitätsgeschichte von Halle. Für Bayern kommen DICKERHOF [244] und HAMMERMAYER [in: 356: AMBURGER u. a. und in: 70: HAMMER/VOSS] zu analogen Ergebnissen, so daß man die früher in der Geschichtsschreibung anzutreffende Überschätzung der Akademien als überholt ansehen muß.

Akademiebewegung und Auflösung der Ständegesellschaft

Als Ausdruck höfisch-staatlichen Repräsentationsstrebens im Zeitalter des Absolutismus und als Form bürgerlicher intellektueller Geselligkeit – dabei auch ein Vehikel bürgerlicher Emanzipation – spielten Akademiebewegung und gelehrte Gesellschaften in dem „geselligen Jahrhundert" [261: IM HOF] in der „Gesellschaft der Aufklärer" [246: VAN DÜLMEN] allerdings eine unverwechselbare Rolle. In den Gesellschaften und Akademien wurden erstmals ständische und konfessionelle Schranken im Zeichen eines freien intellektuellen Diskurses unter Gleichen überwunden, und es formierte sich durch den Austausch der Akademien Europas und die Wissenschaftssprachen Latein und Französisch eine europäische intellektuelle Öffentlichkeit – hier liegen entscheidende geistes- und sozialgeschichtliche Funktionen der Akademiebewegung, die von AMBURGER u. a. [356] und K. GARBER [250, 251, Lit.] dokumentiert werden. Die Akademiebewegung war eine Alternative in dem vorrevolutionären ständischen Sozialgefüge und gehörte ihrerseits bereits zu den Faktoren, die dieses tendenziell auflösten. Mit dem Aufbruch der Reformzeit nach 1800 hatten die Akademien ihre Aufgaben erfüllt – Rheinbündische und preußische Reformer, ebenso wie Goethe als sachsen-weimarischer Minister [109: TÜMMLER] setzten für die Zukunft der Wissenschaften auf reformierte Universitäten. Anders als bei den Akademien waren sozialer Ort und Funktionen der Universität auch in der sich wandelnden Gesellschaft sehr viel tiefer und fester verankert [90: MÖLLER, 241 ff.; 216: R. A. MÜLLER].

Universitätsreform nach 1800

3. Nützliches Wissen für Staat, Ökonomie und Lebenspraxis

Die Historisierung des Denkens in Ablösung der aristotelischen Barockscholastik war ein Grundzug der Aufklärung. Daneben stand ein auf Nützlichkeit bedachtes Denken, das möglichst praxisnahe konkrete Ratschläge zur vernunftgemäßen Gestaltung des sozialen und individuellen Lebens geben wollte. Dieser Utilitarismus war eine Konsequenz der säkularen Naturrechtsphilosophie, die sich von Pufendorf über Leibniz und Thomasius bis zu Wolff ausbildete und die einflußreiche Vertreter an Juristischen und Philosophischen Universitätsfakultäten fand (Ickstatt, Gottsched, Sonnenfels, Baumgarten, Darjes, Knutzen). Der Wolffianismus gewann zwar nie eine Monopolstellung als Schulphilosophie im gesamten Reich, aber er war doch als Begründung einer vernünftigen Klugheits- und Handlungslehre und Sozialethik einflußreich, vor allem in den katholischen Reichsteilen [62: Cassirer; 240: Wundt; Hammerstein in: 147: Schneiders; Thomann in: 47: Stolleis]. Mit dieser Hinwendung zu einer als der „Vernunft" gemäß verstandenen Praxis war vom Denkansatz her eng verbunden das Aufkommen zweier neuer Disziplinen, der Policeywissenschaft (Verwaltungslehre) und der Kameralistik. Verwaltung und Wirtschaft verselbständigten sich in der Literatur des späteren 17. Jahrhunderts als eigens zu behandelnde Gegenstände, die untereinander freilich als eng zusammengehörig angesehen wurden [Burkhardt in: 301: Waszek].

Utilitätsdenken und Naturrechtsphilosophie

Policeywissenschaft und Kameralistik

Die Policeywissenschaft als die wissenschaftliche Lehre von der inneren Politik des deutschen Territorialstaats hat ihre Wurzeln in der aristotelischen Tugendlehre für das Individuum (Ethik), für Haus (Ökonomik) und Gemeinschaft (Politik), in Fürstenspiegeln und Landesbeschreibungen, Sittenspiegeln, Ehebüchlein, Tischzuchten, Hausväterliteratur, Traktaten über Handel, Geld und Steuererhebung, Ackerbau und Viehzucht, Jagd und Fischfang, Medizin und Bevölkerungspolitik [358: Brunner], von denen die ökonomisch relevanten Zweige ihrerseits wieder als Kameral- oder Merkantilwissenschaften zusammengefaßt wurden. Zur Geschichte der Policeywissenschaft liegen als herausragende Forschungsleistungen die Gesamtdarstellungen von Maier [39] und Stolleis [48] vor. Für die Geschichte der Kameralistik stehen Stieda [297], Tautscher [298], Zielenziger [303] und Sommer [296], die Einführung von Dittrich [278, Lit.] und die Untersuchung von Brückner

[276] zur Verfügung, ferner die Zusammenfassung bei MÖLLER [91: 209 ff.].

Die Gesamtheit des praxisbezogenen Wissens über Regierung, Verwaltung und (territoriale) Wirtschaft bot Seckendorff in seinem Handbuch über den „Teutschen Fürstenstaat“, das in vielen Auflagen erschien und Universitätsvorlesungen zugrunde gelegt wurde [STOLLEIS in: 47: DERS.]. Ein Vorläufer Seckendorffs im 16. Jahrhundert war der kursächsische Rat von Osse, dessen „Politisches Testament“ Thomasius 1717 zu Studienzwecken kommentiert herausgab [LUIG in: 47: STOLLEIS]. Der Ausbau der deutschen Territorialstaaten nach dem Dreißigjährigen Krieg spiegelte sich in einer anwachsenden Policey-Literatur, wobei diese Gattung, wie bei Seckendorff, das Ganze weltlicher und geistlicher Verwaltungstätigkeit abdeckte. Da die Ausbildung der Juristen an den Universitäten künftige Fürstendiener und Staatsbeamte als Adressaten hatte, lag es nahe, Policey-Materien in die Lehre einzubeziehen; und es entsprach dem Denkansatz der thomasianischen Reform, daß Halle hierin voranging. Die Vermehrung von Beamtenstellen in den Verwaltungen im Zeichen absolutistischer und aufgeklärt-absolutistischer Staatsintensivierung zwang dazu, auch die Ausbildung der Beamten zu vervollkommnen. Orientierte sich der Beamtentypus des 16. und 17. Jahrhunderts am humanistisch gebildeten Römischrechtler, so war jetzt der Kenner des Reichs-Staatsrechts, der Reichsgeschichte und des territorialen Verwaltungswesens auf der Basis des Vernunftrechts gefragt. Nicht nur die Juristenausbildung orientierte sich hieran, sondern auch die Prinzenerziehung, wie die Kronprinzenvorträge vor dem späteren Joseph II. (Beck) und dem späteren Friedrich Wilhelm III. (Svarez) zeigen [5, 6: CONRAD; 152: STÖLZEL].

„Teutscher Fürstenstaat“

Beamtenausbildung und Kronprinzenvorträge

Die frühen Kameralisten, Hörnick, Becher, Schröder und Royas y Spinola, wirkten nicht an Lehranstalten, sondern strebten, auch als „barocke Projektemacher“, dem Typus des Hofgelehrten nach, vor allem im Umfeld des Wiener Kaiserhofes. Ein Vorläufer für die Etablierung von Policeywissenschaft und Kameralistik im Lehrangebot der Universitäten war Conring in Helmstedt. Conring begründete dort nicht nur die Statistik, las über Handel und Schifffahrt, Zölle und Steuern, Geld und Staatsfinanzen, sondern er berührte in der Gesetzgebungslehre auch das Policeywesen und ordnete Ziele und Mittel der Policey in sein umfassendes Konzept der Staatsklugheitslehre, der *prudentia civilis,* ein [SEIFERT in: 292: RASSEM/STAGL; 154: STOLLEIS]. Conring konnte jedoch keine feste Ausbildungstradition begründen. Literarisch entwickelten sich aller-

Statistik und Staatenbeschreibung

dings Statistik und Staatenbeschreibung im Laufe des 18. Jahrhunderts zu einem eigenen Wissensgebiet, und zwar vorläufig ohne feste Zuordnung zu einer akademischen Disziplin. Der Göttinger Jurist Achenwall trug ebenso zur Ausbildung der Statistik bei wie der Berliner Geistliche Süßmilch, der Begründer der Demographie, und der preußische Minister von Hertzberg, die beiden letzteren in Berlin Akademiemitglieder. Hierzu ist auf den von RASSEM und STAGL herausgegebenen Sammelband [292], auf die Monographie von KLUETING [79] und zu Süßmilch auf zwei Studien von NEUGEBAUER [288, 289] hinzuweisen. Neben Göttingen war die Straßburger Universität mit ihrer Diplomatenschule eine Pflegestätte der „Statistik" im Sinne von Staatenkunde und Staatengeschichte; hier wirkte der Jurist Koch als einflußreicher akademischer Lehrer [159: VOSS].

Erste Kameralistik-Professuren in Halle und Frankfurt/Oder

Friedrich Wilhelm I. richtete 1727 zwei Lehrstühle für Ökonomie, Policey- und Kammer-Sachen an den beiden Universitäten in Halle und Frankfurt/Oder ein. In Halle wurde der Jurist Gasser berufen. Mit seinem Nachfolger, dem Theologen und Philosophen Stiebritz, wechselte der Lehrstuhl von der Juristischen in die Philosophische Fakultät. In Frankfurt/Oder berief man den bisherigen Professor für Geschichte, Natur- und Völkerrecht Dithmar auf die neue Professur. Gasser und Dithmar schrieben Grundrisse der Ökonomischen, Policey- und Kameral-Wissenschaften, und Dithmar gab ab 1729 eine einschlägige Rezensionszeitschrift heraus [215: MÜHLPFORDT].

Institutionalisierung der Kameralistik an den Universitäten

Das preußische Vorbild führte mit einiger Verzögerung zur Einrichtung von Policey- und Kameral-Lehrstühlen auch an anderen Universitäten. Die Brücke war dabei zumeist, daß Vorlesungen über Policey- und Kameral-Materien von Inhabern anders denominierter Lehrstühle, vor allem in der Juristischen Fakultät, gehalten wurden. Spezialisierte Lehrstühle wurden errichtet: 1730 in Rinteln, 1742/63 in Leipzig (Zincke), 1744 in Jena (Darjes, seit 1763 in Frankfurt/Oder), 1752 an der Theresianischen Ritterakademie in Wien (Justi), 1755 in Göttingen, 1760 in Bützow, 1763 in Wien an der Universität (Sonnenfels), in Erfurt und Prag, 1768 in Freiburg im Breisgau, Innsbruck und Klagenfurt (Gymnasium), 1770 in Erlangen, 1775 in Kiel, 1777 in Gießen eine eigene Kameral-Fakultät (Schlettwein), 1780 in Ingolstadt, 1782 in Mainz (Pfeiffer). An der Universität Königsberg gab es keinen spezialisierten Kameralistik-Lehrstuhl; jedoch war hier durch das Wirken von Kraus, Inhaber einer Professur für praktische Philosophie, – neben Göttingen – das Zentrum der deutschen Rezeption von Adam Smith [WINKEL in:

301: WASZEK]. Zur Institutionalisierung der Nationalökonomie an deutschen Universitäten liegt die grundlegende Darstellung von STIEDA [297] vor, ferner bringt HENTSCHEL [281] einen Überblick und ein von WASZEK herausgegebener Sammelband Einzelbeiträge [301, u. a. BURKHARDT, VOM BRUCH, DICKERHOF]. In Österreich konnten die Kameralwissenschaften im Rahmen der aufgeklärten Universitätsreform eine zentrale Stellung für die Juristenausbildung erlangen [182, 186: HAMMERSTEIN]. Trotz ökonomischer Aktivitäten auch der Akademien, vor allem der Berliner und der Göttinger [270: H.-H. MÜLLER], bestätigt die erfolgreiche Etablierung der Policey- und Kameralwissenschaften an den Universitäten die These von HAMMERSTEIN [181, 184, 185, 187], daß die Universitäten den Hauptstrom des wissenschaftlichen Lebens umfaßten [VOM BRUCH in: 301: WASZEK]. Über Forschungen zu den Universitätsprofessoren für Policey- und Kameralwissenschaft informiert am besten die Einführung von DITTRICH [278, Lit.]. Für Justi sei hingewiesen auf die Studien von BECHER [58], BRÜCKNER [276] und KLUETING [79], für Sonnenfels auf die Arbeiten von KANN [77] und OSTERLOH [290] und den von REINALTER herausgegebenen Sammelband [293]. Zu dem Halleschen Kameralisten Voss vgl. J. GARBER [280].

Vorsprung der Universitäten vor den Akademien

Parallel zu der Institutionalisierung der Policey- und Kameralwissenschaft an den Universitäten kam es zur Gründung von hochschulähnlichen Einrichtungen mit Praxisorientierung und kameralistischen Lehrangeboten. Die beiden Collegium Carolinum genannten polytechnischen Lehranstalten in Braunschweig und Kassel sind hier zu nennen, die Kameralhochschule in Kaiserslautern und die ebenfalls polytechnische Hohe Karlsschule in Stuttgart. In Braunschweig lehrte von 1745 an Zincke, in Kaiserslautern war seit 1778 Jung-Stilling als Lehrer für Landwirtschaft, Technologie, Handlungswissenschaft und Veterinärmedizin tätig, in Kassel wirkte kurzzeitig Dohm als Professor der Finanzwissenschaft und Statistik, der anschließend im preußischen Dienst Karriere machte [277: DAMBACHER]. Der Physiokrat Mauvillon war zunächst am Kasseler, dann am Braunschweiger Carolinum als Professor der Kriegswissenschaft tätig [283: HOFFMANN]. Neben den staatlichen Gründungsversuchen gilt es, auf private Speziallehranstalten hinzuweisen: So gründete der ältere Moser 1749 eine Staats- und Kanzlei-Akademie in Hanau und der Handelswissenschaftler Büsch 1767 eine „Handlungsakademie" in Hamburg. Die nichtuniversitären Lehranstalten waren fast alle kurzlebig: Lediglich das Braunschweiger Carolinum und Büschs Hamburger Handlungsakademie hatten Bestand; die

Polytechnische und kameralistische Lehranstalten neben den Universitäten

Kaiserslauterner Anstalt wurde nach zehnjährigem Bestehen 1784 in die Universität Heidelberg eingegliedert. Von der Forschung wurden die Neugründungsexperimente außerhalb der traditionellen Universitäten nur partiell beachtet. Eine vergleichende Darstellung fehlt. Die umfassendste Einzeluntersuchung ist die von UHLAND [299] über die Hohe Karlsschule, für die Kaiserslauterner Kameralschule liegen Darstellungen von POLLER [291] und TRIBE [in: 301: WASZEK] vor, das Kasseler Carolinum wird in der Studie von INGRAO [285] mitbehandelt. Zum Braunschweiger Carolinum gibt es eine Darstellung von SCHNEIDER [295] und eine Kontroverse zwischen MEYEN [287] und KUHLENKAMP [286] über den Umfang technisch-naturwissenschaftlicher Lehrangebote.

Militärische und technische Lehranstalten

Im Typus verwandt mit den außeruniversitären praxisorientierten Spezialhochschulen sind einige strikt berufsausbildende staatliche Lehranstalten, die im 18. Jahrhundert im Zeichen des aufgeklärten Utilitarismus entstanden: die Theresianische Militärakademie in Wiener Neustadt, die Militärwundarztausbildung am Josephinum in Wien, eine entsprechende Ausbildung an der Charité in Berlin und die Bergakademien in Freiberg, Schemnitz (Banská Stiavnica) und Clausthal. In solchen Anstalten, mehr noch freilich in den polytechnischen Lehranstalten in Braunschweig, Kassel und Stuttgart, liegen Wurzeln der Technischen Hochschulen des 19. Jahrhunderts. Die Forschung ist leider bei der Erwähnung solcher „Vorgeschichten" stehengeblieben. Es fehlen komparatistische Untersuchungen, die die technische bzw. polytechnische Ausbildung in die Geistes- und Sozialgeschichte (und Militärgeschichte!) des 18. Jahrhunderts einordnen [279: FRITZE].

Die Kaiserslauterner Kameral-Hochschule war eine Schöpfung der 1769 gegründeten „Physikalisch-ökonomischen Bienengesellschaft". Dies weist hin auf die allgemeine Bedeutung ökonomischer Sozietäten im 18. Jahrhundert, die sich die Verbreitung von berufs- und lebenspraktischem Wissen als Aufgabe stellten. Oft trugen diese Sozietäten den Namen einer „Patriotischen Gesellschaft" – im Sinne des philanthropischen Patriotismus-Begriffs der Aufklärung [VIERHAUS in: 300: DERS.] –, so daß man vom Typus der Patriotischen und Gemeinnützigen Gesellschaften sprechen kann. Dem Wirken dieser Gesellschaften ist ein von VIERHAUS herausgegebener Sammelband [300] gewidmet. In die Patriotischen Gesellschaften mündeten politische, pädagogische, moralische, aber auch ökonomische, naturwissenschaftliche und technische Tendenzen ein, sie blieben nicht nur Diskussionskreise, sondern wollten praktisch für

Patriotische Gesellschaften

Wirtschaftsförderung, berufliche Bildung und Sozialpolitik tätig sein. Sie waren freie Vereinigungen von Gleichgesinnten, die Kommunikation suchten und Verbesserungen in allen Lebensbereichen in Gang bringen wollten. Philanthropisches, eudämonistisches und utilitarisches Denken drückte sich in dem Wirken der Patriotischen Gesellschaften aus. Sie erstrebten und fanden auch meistens den Schutz der Obrigkeit, betonten ihre Loyalität gegenüber dem bestehenden politischen System und waren überzeugt, daß die Reformen, die sie für nötig hielten, es nicht zerstören, sondern erhalten würden.

Philanthropische Reformgesinnung und Reformimpulse

Die Patriotischen Gesellschaften bildeten sich einerseits in städtisch-bürgerlichen Zentren wie Hamburg, andererseits kam die Gründungsinitiative auch aus Provinzstädten, wie im Falle der Kaiserslauterner „Bienengesellschaft" und der „Kurbayerischen Landesökonomiegesellschaft" in Burghausen. Die „Hamburgische Gesellschaft zur Beförderung der Manufakturen, Künste und nützlichen Gewerbe" (1765) behandelt im Überblick KOPITZSCH [264, DERS. in: 300: VIERHAUS]; sie bildete geradezu einen Idealfall praktisch wirkender bürgerlicher Aufklärung. Die Agrarreform, ausgehend von der Verbesserung der Methoden in Anbau und Viehhaltung, war ein besonderes Anliegen vieler Patriotischer Gesellschaften; die Welle der Sozietätsgründungen findet ihre Entsprechung in einem starken Anschwellen des praxisbezogenen Agrarschrifttums, das über Fruchtwechsel, Düngung, Klee-Anbau, Stallfütterung oder ähnliches informierte [so auch in den Preisschriften von Akademien; 270: H.-H. MÜLLER]. Die Ackerbausozietäten in den habsburgischen Ländern sowie die Gesellschaften in Burghausen und Kaiserslautern untersuchen im Vergleich SCHINDLER und BONSS [in: 300: VIERHAUS]. Wie die Kaiserslauterner Bienengesellschaft die Kameral-Hochschule gründete, so hatte die Burghausener Gesellschaft Anteil bei der Institutionalisierung der Kameralistik an der Universität Ingolstadt [DICKERHOF in: 301: WASZEK].

Propagierung von Agrarreformen

Eine chronologische Übersicht zu den europäischen patriotisch-ökonomischen Gesellschaften findet sich bei H.-H. MÜLLER [270]. Vergleichende Untersuchungen der Gesellschaften im Spektrum ihres vielfältigen praktisch-aufklärerischen Wirkens und unter Einschluß einer sozialgeschichtlichen Analyse ihrer Mitgliedschaft sind noch zu leisten. Ältere Versuche behandeln nur Einzelaspekte, so HUBRIG [284] die pädagogischen Intentionen und RÜBBERDT [294] die ökonomischen Aktivitäten. Für die Ausbreitung aufgeklärten Wissens im ländlich-dörflichen Raum und in der Landwirtschaft stellt sich eine besondere Forschungsaufgabe, wozu regionale Fallstudien nötig sind. Die Übergänge von Patriotischen Gesellschaften

Lesegesellschaften

zu Lesegesellschaften waren fließend [354: ZIESSOW]. Zu den vielfältigen Formen aufgeklärter Gesellschaften insgesamt vgl. MÖLLER [90: 213–280].

Aufklärung für eine vernunftgeleitete Lebenspraxis war seit Thomasius und Wolff ein Ziel für Bildung und Wissenschaften. Neben der Belehrung in Schulen, Hochschulen, Akademien und Sozietäten diente diesem Ziel ein rasch anwachsendes Schrifttum von Büchern und – jetzt erst als Literaturgattung entstehenden – Zeitschriften [337: KIESEL/MÜNCH; 302: WILKE]. Die Moralischen Wochen-

„Leserevolution" des 18. Jh.s

schriften, die MARTENS [84] untersucht hat, spielten eine besondere Rolle für die Popularisierung aufgeklärten Denkens und Wissens im bürgerlich-städtischen Raum. Der von MARTENS herausgegebene Sammelband [207] über Leipzig als Zentrum der Aufklärung gilt Formen der aufklärerischen Kommunikation in einer bürgerlichen Wirtschaftsmetropole.

Leipzig spielte durch das Wirken von Gottsched und Gellert eine besondere Rolle für die deutsche Sprach- und Literaturreform des 18. Jahrhunderts. Die von Gottsched angeregten „Deutschen

Sprachreform und Aufblühen der deutschen Nationalliteratur

Gesellschaften" sind – mit einer speziellen Zwecksetzung – im Typus den Patriotischen Gesellschaften verwandt (und sollten bei komparatistischen Forschungen entsprechend berücksichtigt werden). Die Sprachgesellschaften des 17. Jahrhunderts, wie die „Fruchtbringende Gesellschaft" und der „Pegnesische Blumenorden", gingen voran [242: BIRCHER/VAN INGEN]. Das Anliegen der hochdeutschen Sprachreform wurde, von Leipzig ausgehend, in den österreichischen Ländern aufgegriffen: Die Professoren Seibt in Prag und Sonnenfels in Wien, wie insgesamt der Josephinismus, sind hier zu nennen [115: WINTER; 290: OSTERLOH].

Die Aufwertung der deutschen Hochsprache ist als ein Beitrag zur Aufklärung für Lebenspraxis zu verstehen, ebenso wie das damit einhergehende Bemühen um eine deutsche Nationalliteratur. Die Literaturgeschichte hat diese Entwicklungen, die sich mit Gottsched, Gellert, Lessing, Klopstock, dem Sturm und Drang und der Nationaltheater-Bewegung verbinden, sorgfältig erforscht. Zur Einführung sind die Bände über deutsche Dichter, herausgegeben von STEINHAGEN und VON WIESE [45, 53], geeignet. Für die Sozialgeschichte der Bildung, der Sprache und der Literatur stellen sich jedoch noch zahlreiche Fragen. Eine – nur fragmentarische – Zwischenbilanz der Forschung geben die beiden von HERRMANN [330,

331] herausgegebenen Aufsatzsammlungen zum „pädagogischen Jahrhundert" und zur „Bildung des Bürgers".

Die Ziele der Aufklärungs-Gesellschaften wurden mancherorts auch von engagierten Einzelpersönlichkeiten verfolgt, philanthropischen Bürgern und Popularaufklärern. Hingewiesen sei auf den Arzt und Stifter Senckenberg in Frankfurt [116: DE BARY; MANN in: 97: RAABE], den philosophischen Schriftsteller Garve in Breslau [153: STOLLEIS], den Theologieprofessor Oberthür in Würzburg [157: VOLK] und schließlich Möser in Osnabrück, dessen „Patriotische Phantasien" in literarisch beeindruckender Weise der nützlichen Belehrung seiner Leser über alltägliche Fragen der Lebensklugheit, der bürgerlichen Moral und Lebenspraxis dienten [SCHRÖDER in: 47: STOLLEIS, Lit.; 163: WOESLER, Lit.]. Es ist noch eine Forschungsaufgabe, von solchen aufklärerischen Aktivitäten die Brücke zur Sozial- und Bildungsgeschichte des wirtschaftlich tätigen Bürgertums zu schlagen – Modellstudien hierfür bieten die Werke von SCHRAMM [273] und GALL [248] über exponierte Bürgerfamilien.

Bürgerliche Aufklärung und Sozialgeschichte des Bürgertums

4. Ein pädagogisches Jahrhundert? – Gymnasium und Volksschule, Lesen und Schreiben

Die eineinhalb Jahrhunderte vom Ende des Dreißigjährigen Krieges bis zum Ende des Alten Reiches brachten in den deutschen Ländern und Städten Verbreitung und Verbreiterung von Bildung und Wissen, angefangen von der Diffusion der Kulturtechniken des Lesens, Schreibens und Rechnens bis zur Vermittlung von nützlichem Fachwissen und einer anspruchsvollen literarischen Bildung. Mit dieser Expansion und Differenzierung von Bildung setzte sich ein Prozeß fort, der im 16. Jahrhundert mit Humanismus, Buchdruck, Reformation und Konfessionalisierung begonnen hatte [Zum 18. Jahrhundert: 91: MÖLLER, 336–381].

Gymnasien als Ergebnis von Reformation und Konfessionalisierung

Das Gelehrtenschulwesen – Lateinschulen und *Gymnasia illustria* – verdankte Entscheidendes dem Zeitalter der Reformation und Konfessionalisierung. Bis in die Zeit des Dreißigjährigen Krieges entstand ein Netz von Schulinstitutionen, das im wesentlichen die Grundlage des sekundären Ausbildungswesens bis zum Beginn des 19. Jahrhunderts blieb – ob es sich nun um kursächsische Fürstenschulen, württembergische Klosterschulen, Ratsgymnasien in Reichsstädten und Hansestädten, reformierte Hohe Schulen oder Jesuitengymnasien handelte. Alle Reformdiskussionen und Reformversuche der Aufklärung wie auch kollektiven und individuellen Bildungsbiographien der Repräsentanten des geistigen Lebens sind nur in diesem Kontext angemessen zu verstehen. Antike, Bibel und christliche Theologie waren, vermittelt durch den gymnasialen Unterricht, konstante Bildungsfaktoren für die gelehrten Schichten, ebenso wie die konfessionellen Differenzierungen und Gegensätze in Lehre und Leben.

Christlicher Schulhumanismus

Die allgemeine Schulpflicht für das Volk, die zwischen 1650 und 1800 zunehmend propagiert wurde, hatte zunächst auch eine konfessionalisierende Komponente. So war es kein Zufall, daß die durchsetzungsfähigsten pädagogischen Kräfte dieses Zeitraums religiöse Kräfte waren: das Luthertum Ernsts des Frommen in Sachsen-Gotha, der Hallesche Pietismus und die katholische Aufklärung. Diese Kräfte beeinflußten sich über Konfessionsgrenzen hinweg: In der Pädagogik, vor allem im Bereich der Elementarschulen, gibt es eine Linie der Anregungen und Vorbilder von Gotha über Halle und Berlin nach Wien und in die katholischen Reichsterritorien. Für die Durchsetzung der religiös inspirierten Reformpädagogik bedurfte es allerdings des Zusammenwirkens mit den säkularen Interessen des Staates. C. HINRICHS [332] hat den Zusammenhang von Preußentum und Pietismus dargelegt, für die Bedeutung des Josephinismus als Reformkatholizismus in der Habsburger Monarchie sei auf WINTER [115], VALJAVEC [110], KOVACS [80], HERSCHE [73] und SCHINDLING [102] hingewiesen. Einen Vergleich zwischen Preußen und Österreich mit Blick auf das Elementarschulwesen führt MELTON [340] durch. Für Nürnberg und sein Landgebiet hat LEDER [339] eine Studie über Kirche und Jugend vorgelegt.

Religiöse Kräfte und pädagogische Reform

Wenn auch im späteren 18. Jahrhundert die säkularen Antriebe in der Schulpolitik stärker nach vorn traten – im friderizianischen und nachfriderizianischen Preußen, in Anhalt-Dessau und in Braunschweig [324, 325: HEINEMANN; 336: JEISMANN; 75: HIRSCH; 327, 328, 329: HERRMANN; 349: H. SCHMITT] –, so sind doch auch noch die einsetzende Säkularisierung und Verstaatlichung des Schulwesens im Zeichen von Ökonomie und Utilität von den jeweiligen konfessionellen Traditionen mitbestimmt gewesen. Eine schul- und pädagogikgeschichtliche Forschung, deren Interesse vor allem der pädagogischen Ideengeschichte gilt, steht in der Gefahr, Lebendigkeit und gesellschaftliche Prägekraft der älteren Traditionen zu unterschätzen und das Neue in den Reformansätzen selektiv wahrzunehmen [42: REBLE; 330, 331: HERRMANN]. Für die Masse der Menschen war jedoch auch am Ende des 18. Jahrhunderts die Kir-

Prägekraft älterer Traditionen

che der wichtigste Raum geistiger und mentaler Bildung, die Kanzel wichtiger als Katheder und Lehrerpult.

Darstellungen zur Gymnasialgeschichte

Die Geschichte der Gymnasien stand in der Forschung im Schatten derjenigen der Universitäten. Wenn überhaupt, interessierte man sich, wie bei den Universitäten, für die Gründungsphase. Für das spätere 17. und das 18. Jahrhundert gibt es für das gymnasiale Schulwesen nur wenige überlokal bedeutsame Untersuchungen. Die besten regionalen Gesamtdarstellungen finden sich in den Handbüchern zur österreichischen und zur bayerischen Bildungsgeschichte von ENGELBRECHT [32] und von LIEDTKE [38]. Das Gymnasialwesen der Jesuiten wird in dem Werk von DUHR [31] behandelt, das barocke Schultheater der Jesuiten von VALENTIN [236]. Allgemein sind die älteren Gesamtdarstellungen von K. A. SCHMID [44] und PAULSEN [40] unentbehrlich. Vergleichende Untersuchungen über gymnasiale Lehrpläne, Lehrinhalte und Lehrbücher sind selten; hinzuweisen ist auf das Werk von SCHWARTZ [22] über Gelehrtenschulen und Abitur in Preußen nach 1788 sowie auf eine Untersuchung von KOPITZSCH [338] über schleswig-holsteinische Gymnasien und Lateinschulen im Zeitalter der Aufklärung.

Bekannte Schulrektoren

Einzelne im intellektuellen Leben hervortretende Schulmänner sind bekannt – Crollius in Zweibrücken, Reimarus und Büsch in Hamburg, Voß in Eutin, Büsching in Berlin –, aber für ihre Schulen und ihre alltägliche Schularbeit hat sich die Forschung weniger interessiert. Dort, wo Schulexperimente und alternative Neugründungen unternommen wurden, haben sich auch Geschichtsschreiber gefunden, so für Weigels Jenaer Versuchsschule [190; 232: S. SCHMIDT] und für Basedows Philanthropin in Dessau [329: HERRMANN; 75: HIRSCH]. Die Konzeption des Philanthropin mit seiner Betonung nützlichen Wissens, der Naturkunde, der Leibesübungen und einer undogmatischen Religiosität brach am deutlichsten mit der humanistisch-konfessionellen Tradition der deutschen Gymnasien. Für ein solches Experiment war die Zeit noch nicht reif. Das Philanthropin scheiterte sogar im kulturpolitisch fortschrittlichen Anhalt-Dessau; nur in Sachsen-Gotha war in Schnepfenthal eine dauerhafte Gründung möglich [66: FLITNER]. Auffällig ist, daß unter den Trägern der geistigen Bewegung sich nur kleine Gruppen für die Reform des Sekundarschulwesens engagierten – die Pietisten, bei denen aber die Elementarschule mit Priorität voranstand, die Göttinger klassischen Philologen mit Blick auf den altsprachlichen Unterricht (Gesner, Heyne) und philanthropische Reformpädagogen wie Basedow, Campe und Trapp. Wortführer, von Leibniz über Wolff bis zu Les-

Philanthropin und Philanthropinismus

Kein vorrangiges Interesse für Gymnasialreformen

sing und den Weimarer Klassikern, schenkten dem Schulwesen allenfalls ein marginales Interesse – ein eklatanter Unterschied zum Humanismus des 16. Jahrhunderts, für den die Gründung und Reform von Gymnasien im Zentrum stand.

Nur einzelne aufgeklärte Fürsten bemühten sich um eine Gymnasialreform. Neben Leopold Friedrich Franz von Dessau mit dem avantgardistischen Philanthropin sind hier die Landesfürsten von Braunschweig-Wolfenbüttel, Württemberg und Hessen-Kassel zu nennen, deren Gründungen von polytechnischen Lehranstalten auch gymnasiale Schulelemente einschlossen, wobei der Kasseler Landgraf allerdings seinem Collegium Carolinum mit der gleichzeitigen Reform des benachbarten Gymnasiums selbst das Wasser abgrub [299: Uhland; 349: H. Schmitt; 285: Ingrao]. In Württemberg und Wolfenbüttel scheiterten Reformen am Widerstand der konservativen Landstände.

Folgen des Jesuiten-Verbots für das katholische Gymnasialwesen

In den katholischen Territorien wurde die Aufhebung des Jesuitenordens 1773 nur zögerlich für eine Neukonzeption der Gymnasialausbildung genützt. Der Piaristenorden spielte in den habsburgischen Ländern eine Rolle als Alternative zu den Jesuiten, wobei Maria Theresia selbst aber den unmißverständlichen Anspruch des aufgeklärten Reformstaates formulierte, daß die Schule ein „politicum" zu sein habe [319: Grimm]. Dem kurbayerischen Versuch, ehemalige Jesuitengymnasien als „Lyzeen" mit Lehrkräften aus den alten Orden fortzuführen, war nur ein mäßiger Erfolg beschieden [217: R. A. Müller; 219: Wi. Müller]. Das Studium der „Allgemeinen Wissenschaften", der einheitliche Philosophie-Kurs, bildete in Bayern bis 1848 ein Bindeglied zwischen Lyzeen und Philosophischen Fakultäten der Universitäten – ein deutlich abweichendes Konzept gegenüber dem preußischen Modell Humboldts [171: Dikkerhof]. In den geistlichen Fürstentümern waren nach 1773 entweder Ex-Jesuiten als nunmehr weltgeistliche Lehrer oder Angehörige anderer Orden an den Gymnasien tätig [320: Hanschmidt]; im preußischen Schlesien und in Westpreußen ließ Friedrich der Große den Jesuitenorden mit Blick auf dessen Schultätigkeit ungeachtet der päpstlichen Aufhebung bestehen [146: Schindling].

Sorge vor einer „Akademikerschwemme"

Zur Einschätzung der Gymnasien im 18. Jahrhundert trugen maßgeblich Stimmen bei, die vor einer Überproduktion von Absolventen der Gelehrtenschulen, vor einer Akademikerschwemme, warnten. Kameralisten wie Darjes, Justi und Sonnenfels sind hier zu nennen; sie fanden Gehör bei den aufgeklärten Fürsten und ihren Beamten [324: Heinemann; 196: Klingenstein; 345: Quar-

THAL; 340: MELTON]. Die entschiedensten Konsequenzen zog Joseph II., wenn er Gymnasien aufhob und die Zahl der Schüler und Studenten durch Schulgeldforderungen reduzierte; auch die Zurückstufung von Universitäten zu Lyzeen gehört in diesen Zusammenhang [352: WANGERMANN]. Der deutliche Rückgang der Immatrikulationszahlen im ganzen Reich, vor allem in der zweiten Hälfte des 18. Jahrhunderts [172: EULENBURG; 174: FRIJHOFF], spiegelt möglicherweise ein vorangegangenes Absinken der Zahl der Gymnasiasten; allerdings liegen darüber keine Untersuchungen vor.

Rekrutierung der evangelischen Pfarrer und des katholischen Klerus

Arbeitslosigkeit von Akademikern war ein soziales Problem der Zeit, viele mußten als Hauslehrer und Hofmeister ein bescheidenes Dasein fristen [315: FERTIG]. Wahrscheinlich war dies jedoch mehr ein Problem des protestantischen Deutschland, wo der Pfarrer- und Gelehrtenstand eine starke familienmäßige Abschließung bis hin zur Ausbildung von Theologen- und Professoren-‚Dynastien' aufwies und die Stellenbesetzungen entsprechend exklusiv vorgenommen wurden [318: FRANZ; 346: RUBLACK; zum Vergleich prot./kath.: 350: SCHORN-SCHÜTTE; 91: MÖLLER, 104ff.]. Im katholischen Raum war demgegenüber der Klerus wegen des Zölibats offener für die Rekrutierung von Nachwuchs, obwohl es auch das Rekrutierungsmuster der Onkel-Neffen-Protektion gab. Das spätere 17. und das 18. Jahrhundert brachten in den deutschen Diözesen einen Ausbau der Diözesan-Priesterseminare durch die Bischöfe [307: BRÜCK; 229: SCHERG; 72: HEGEL; 309: DEMEL]. Diözesanklerus und geistliche Orden eröffneten Berufschancen für Begabte und Kanäle des sozialen Aufstiegs über Schule und Studium. Freilich kritisierten die Aufklärer die allzu große Zahl von „unproduktiven" Mönchen und Nonnen [102: SCHINDLING].

Preußische Gymnasialreform und Einführung des Abiturs

Die Skepsis gegenüber einer Akademikerschwemme, die Joseph II. zu so drastischen Maßnahmen veranlaßte, bestimmte auch die preußische Bildungspolitik, die seit 1771 von Zedlitz als Minister betrieben wurde [304: BAUMGART; 324: HEINEMANN; 336: JEISMANN]. Reduktion der Absolventenzahlen, Angleichung des Ausbildungsniveaus und Instrumentalisierung von Gymnasien und Universitäten für die Beamtenausbildung und Beamtenrekrutierung waren dabei die staatspolitischen Ziele. In diesen Zusammenhang gehört die Einführung des Abiturs 1788 als Abschlußprüfung an den preußischen Gymnasien, das zunächst eine Pflichtprüfung bloß für die unbemittelten Schüler war, im 19. Jahrhundert aber allgemeinverbindlichen Charakter als Prüfung der Hochschulreife erhielt [22: SCHWARTZ]. Zur Funktion des preußischen Gymnasiums hat JEIS-

MANN [336] eine Studie vorgelegt, die den Zusammenhang der Gymnasialreform mit der allgemeinen Reformtendenz in Preußen seit der spätfriderizianischen Zeit und die Rolle der aufgeklärten Bürokratie herausarbeitet.

Die praxisbezogene Aufklärung hielt Distanz zu dem traditionellen humanistischen und konfessionellen Gymnasium. Ihr Interesse gehörte berufspraktischen und polytechnischen Unternehmungen, wie den zwischen Schule und Hochschule angesiedelten Anstalten in Braunschweig, Kassel, Stuttgart und Kaiserslautern. Vor allem aber wurde die Elementarschule das Feld, auf dem sich die Reformenergie betätigte. Volksschule, professionalisierte Ausbildung der Volksschullehrer und (zumindest theoretische) allgemeine Schulpflicht waren zentrale Anliegen der Epoche im Zusammenwirken religiöser und staatlich-ökonomischer Reformkräfte.

Elementarschulreform als zentrales Anliegen der Epoche

Entscheidende Antriebe kamen aus dem kirchlichen Bereich, dem die Elementarschule als Pfarrschule, Kirchspielschule bzw. Küsterschule in den Städten und auf dem Lande zugeordnet war. Ernst der Fromme von Sachsen-Gotha baute sein Territorium seit den 1640er Jahren zu einem lutherischen Musterland aus mit dem Gymnasium in Gotha und einem intensiven Elementarschulwesen, für das Bibel- und Katechismusunterricht im Mittelpunkt standen, das aber auch Lesen, Schreiben und Rechnen und Anfangsgründe einer Realienkunde vermittelte und für dessen Ausgestaltung der Herzog auf die pädagogisch-didaktischen Prinzipien von Ratich (Ratke) und Comenius Bezug nahm [314: FERTIG; 66: FLITNER]. Sachsen-Gotha prägte den jungen Francke, der in Gotha das Gymnasium besuchte und sich später in Halle an das Werk Ernsts des Frommen erinnerte.

Modell Sachsen-Gotha

Der Pietismus, repräsentiert durch Spener und Francke, legte im Rahmen seines sozial-caritativen Engagements großes Gewicht auf die Förderung von Elementarschulen für Waisen und Arme, mit der doppelten Zielsetzung religiöser Erziehung und der Erziehung zu einer moralischen Lebensweise, das heißt zur Arbeitsamkeit [44: K. A. SCHMID; 162: WALLMANN; 332: C. HINRICHS]. Im Komplex seines Halleschen Waisenhauses errichtete Francke ein verklammertes Gefüge verschiedener Schulformen: Elementarschulen für Waisen und Arme, eine Lateinschule, ein Pädagogium (Gymnasium) als Gelehrtenschule, ein Internat für die Schüler des Pädagogiums und – was im besonderen eine epochemachende Neuerung werden sollte – eine Ausbildungsschule für künftige Elementarschullehrer, das Lehrerseminar. Die Unterrichtsmethoden in den Halleschen Anstalten

Hallesches Waisenhaus und Elementarschulreform

waren in vielem pädagogisch und didaktisch innovativ (Gruppenunterricht in getrennten Klassenräumen).

Neben dem Bibel- und Katechismusunterricht spielten in den Franckeschen Anstalten der Sprachenunterricht, dabei auch die Pflege der deutschen Sprache, das Rechnen und die Realienkunde mit Geographie, Geschichte und Naturlehre eine wichtige Rolle. Der Verlag des Waisenhauses publizierte neben religiöser Erbauungsliteratur auch Schulbücher. Die angeschlossene Cansteinsche Bibelanstalt sorgte für die Verbreitung von Bibeldrucken beim einfachen Volk: Erst durch die volksmissionarische Offensive der Pietisten wurde die Lutherbibel tatsächlich zum Hausbuch im evangelischen Deutschland – eine Grundtatsache der deutschen Bildungsgeschichte. Luthers Wiederentdeckung der Schrift und seine „Reformation der Lehre" auf der Grundlage des Schriftprinzips wurden durch die pietistische „Reformation des Lebens" zum massenwirksamen Bildungsphänomen, und daraus ergaben sich notwendigerweise Folgen für die Lesefähigkeit breitester Bevölkerungsschichten, die durch Luthers Deutsch in der deutschen Sprache geschult wurden.

Pietismus und Alphabetisierung

Das Hallesche Schulmodell wurde durch den Francke-Schüler Hecker nach Berlin übertragen, der seit 1739 ebenfalls einen Schulkomplex aus Armenschulen (Elementarschulen), Lateinschule und „Realschule" – eine auf praxisbezogene Wissensvermittlung ausgerichtete Schule für künftige Gewerbetreibende und Kaufleute – und dazu ein Lehrerseminar errichtete [343: NEUGEBAUER]. Friedrich Wilhelm I. förderte den Pietismus und die Absolventen pietistischer Anstalten; seine in vielem verwandte Denkart drückte sich auch in dem Gesetz über die allgemeine Schulpflicht von 1717 aus, das allerdings in der älteren Literatur überschätzt wurde [342: NEUGEBAUER]. 1763 ordnete Friedrich II. das Elementarschulwesen in allen preußischen Provinzen durch das General-Landschulreglement, auf dessen Entstehung Hecker und Süßmilch kraft ihrer geistlichen Ämter entscheidenden Einfluß nahmen. Die Durchführung des General-Landschulreglements ließ freilich viel zu wünschen übrig. Die vorbildliche Untersuchung von NEUGEBAUER [343] über die Schulwirklichkeit in der Mark Brandenburg zeigt, daß man die Fortschritte des preußischen Schulwesens nicht idealisieren sollte. Daneben ist auf die Arbeit von BRÜGGEMANN [308] über Ostfriesland hinzuweisen. Dennoch hatte Preußen ohne Frage seit Halle und Friedrich Wilhelm I. im Elementarschulbereich eine Wegbereiterrolle unter den deutschen Territorien. Neben dem Ausbau des Elementar-

Allgemeine Schulpflicht in Preußen

Forschungen zur Schulwirklichkeit

schulwesens und dem Prinzip einer professionalisierten Lehrerausbildung für Elementarschulen in Lehrerseminaren war im besonderen ein Neuansatz auch die Verbindung von Waisenfürsorge und schulischer Erziehung zur Manufakturarbeit, wie sie im Halleschen Waisenhaus, im Potsdamer Militärwaisenhaus und nach diesem Vorbild in anderen preußischen Waisenanstalten praktiziert wurde [332: C. HINRICHS]. Die Volksschule im „Vorfeld der Verwaltung" rückte aus dem kirchlich-religiösen Motivationszusammenhang im späteren 18. Jahrhundert immer mehr in den staatlicher und ökonomischer Interessen [324: HEINEMANN].

Felbiger und die Volksschule Maria Theresias

Der Eindruck, den die pietistischen Elementarschuleinrichtungen in Preußen hervorriefen, zeigt sich in der groß angelegten Volksschulreform Maria Theresias in der Habsburger Monarchie seit 1774, „the most ambitious school reform of the eighteenth century" [340: MELTON]. Felbiger, Abt der Augustiner-Chorherren im niederschlesischen Sagan, wurde für Maria Theresia der unentbehrliche Helfer. Felbiger hatte zuvor im Auftrag Friedrichs des Großen 1765 das katholische Volksschulwesen in Preußisch-Schlesien reformiert, und zwar angelehnt an das pietistische Reformmodell, das er bei Hecker in Berlin kennengelernt hatte [305: BAUMGART; 146: SCHINDLING].

Normalschulen und Normalschul-Lehrart

Felbiger prägte für sein auf österreichisch-katholische Verhältnisse zugeschnittenes Reformmodell den Begriff der Normal-Lehrart. Im Zentrum stand die Einrichtung von Normalschulen, die zugleich Modellschulen für kleinere Pfarrschulen und Ausbildungsschulen für den Lehrernachwuchs waren. Die Muster-Normalschule entstand in Wien unter Felbigers Leitung. Felbiger verfaßte eine ganze Serie von Schullehrbüchern, vom Katechismus bis zum Realienbuch, vor allem auch ein „Methodenbuch" für die Hand des Lehrers [311: ENGELBRECHT], und gründete in Wien einen Schulbuchverlag für die Publikation der Normalschullehrbücher. Felbigers Reformwirken auch außerhalb der Hauptstadt Wien in den österreichischen Ländern wurde ermöglicht durch den entschiedenen politischen Willen Maria Theresias und durch die Finanzierung der Neueinrichtungen aus den Gütern des 1773 aufgehobenen Jesuitenordens. Für Maria Theresias Volksschulreform spielten religiöse Motive eine prägende Rolle: Der schulische Religionsunterricht sollte die Einwurzelung des Katholizismus in der Bevölkerung verstärken; dies war auch eine Maßnahme gegen den in gewissen ländlichen Regionen immer wieder auftretenden Geheimprotestantismus [102: SCHINDLING]. Zum Wirken Felbigers und zur theresianischen Volksschulreform sind die Felbiger-Monographie [311] und vor allem die Geschichte des österreichischen Bildungswesens [32] von ENGELBRECHT grundlegend.

Während bei Maria Theresia und Felbiger die Volksschulreform ihr Gepräge durch religiöse Motive der katholischen Aufklärung erhielt, traten in der Zeit der Alleinregierung Josephs II. säkulare staatliche Nützlichkeitserwägungen in den Vordergrund. Joseph II. führte den Ausbau des Elementarschulwesens konsequent weiter, jetzt in der Verantwortung des jüngeren van Swieten, dessen bildungspolitischem Wirken WANGERMANN eine Monographie [352] gewidmet hat. Das kameralistische Argument vom Nutzen einer allgemeinen Elementarschulbildung des Volkes für die ökonomische Landesentwicklung bestimmte nunmehr die Motivation des Staates. Dieser Denkansatz – Ausbau der Elementarschulen, demgegenüber aber Reduktion von Gymnasien und Universitäten – war schon in der Ära Maria Theresias angelegt. Der Gedanke einer schulischen Erziehung von Waisenkindern zur Manufakturarbeit wurde in Wien früh nach dem preußischen Modell übernommen [326: HEISS].

Ökonomische Motive der Elementarschulreform unter Joseph II.

Die pädagogische Konzeption einer Erziehung der Armen zu Frömmigkeit und Arbeitsamkeit systematisierte in Böhmen der Weltgeistliche Kindermann mit der Gründung von Industrieschulen. Durch schulmäßig erlerntes Spinnen wurden die Kinder in diesen Elementarschulen frühzeitig in den Arbeitsprozeß der ländlichen Textilproduktion einbezogen, wobei die Unterrichtsgegenstände der Felbigerschen Normalschule – Religion, Lesen, Schreiben und Rechnen – den Schulcharakter bestimmten. Kindermann wurde zur zentralen Persönlichkeit der Elementarschulreform in Böhmen, seine Industrieschulen spielen für die Gewerbe- und Manufakturentwicklung eine Rolle, wie MELTON [340] zeigt. Zu Kindermann hat WINTER [353] eine Biographie vorgelegt. Industrieunterricht wurde gleichzeitig auch in preußischen Elementarschulen eingeführt [324: HEINEMANN; 325: HEINEMANN/RÜTER].

Kindermann und die Industrieschulen

Die theresianische Normalschulreform war in den katholischen Reichsteilen von weitreichender Wirkung. Vielerorts wurden seit den 1770er Jahren ihre Prinzipien eingeführt, wurden Normalschulen zur Lehrerausbildung eingerichtet. Bei dieser Reformwelle im Elementarschulbereich nach Wiener Muster waren geistliche Fürstentümer führend (Fürstbischof Erthal in Bamberg und Würzburg, Fürstenberg und Overberg in Münster). Es gibt zu den geistlichen Fürstentümern einige gründliche Arbeiten zum Elementarschulwesen, so von HEGEL [72] über Kurköln, von BRÜCK [4], SCHERG [348]

Nachahmung des österreichischen Vorbilds im katholischen Reich und FREYH [124] über Kurmainz bzw. Aschaffenburg und Erfurt, von DONEY [310] über Würzburg, von LENGENFELDER [83] über Eichstätt sowie von HANSCHMIDT [320, 321, 322, 323] über Münster. Die Verzweigungen der von Felbiger ausgehenden Einflüsse stellt ENGELBRECHT [32] dar.

Notwendigkeit komparatistischer Forschungen

Die parallele Lektüre der angeführten Arbeiten läßt Gemeinsamkeiten, aber auch Unterschiede in der Entwicklung der Volksschulreform im Spannungsfeld von Religion, Staatsinteressen, Erziehung zur Arbeit (Industriosität) und Professionalisierung des Lehrerberufs (Seminarausbildung) erkennen. Für die Schulwirklichkeiten liegen neben der Studie von NEUGEBAUER [343] nur wenige Forschungsergebnisse vor [316: FIEGERT; 323: HANSCHMIDT]. Eine komparatistische Zusammenschau versuchen MELTON [340] und MÖLLER [91: 336–361, dort auch Vergleiche zum Schulbesuch, 348 ff.]. Die wohl prägendste Errungenschaft der Elementarschulreformen war die Einführung von Lehrerseminaren und Normalschulen zur methodischen Ausbildung der Lehrer in standardisierten Unterrichtstechniken und die parallel dazu einsetzende Produktion von Schulbüchern nach derselben Lehr- und Lernmethode. Der Gedanke einer professionalisierten Lehrerausbildung kam dem Utilitarismus der Aufklärung und dem ökonomischen Staatsinteresse an einer elementaren Volksbildung entgegen.

Professionalisierte Lehrerausbildung

Alphabetisierung und Literarisierung als Forschungsproblem

Die Verbreitung des Lesens und Schreibens unter den Deutschen wurde oft den protestantischen Pfarr- und Küsterschulen zugeschrieben, die Luthers theologisches Schriftprinzip an der Basis der Gesellschaft umsetzen sollten. In der neueren Forschung ist Skepsis aufgekommen, inwieweit in den Pfarrschulen des 16. und 17. Jahrhunderts von einer Alphabetisierung und Literarisierung der Bevölkerung die Rede sein könne [334: E. HINRICHS; 340: MELTON]. Meistens wurde der Katechismusstoff nach dem vorgelesenen Text auswendig gelernt, die biblische Geschichte durch Vorlesen tradiert, im übrigen vor allem Gesang geübt. Das Lesenlernen (Alphabetisierung) ging dem Schreibenlernen (Literarisierung) im Prozeß der Bildungsdiffusion in den Unterschichten voraus. Die Neubesinnung auf Reformprinzipien des 16. Jahrhunderts darf man nicht nur Pietismus und aufgeklärtem Reformkatholizismus zugute schreiben [340: MELTON]; auch die lutherische Orthodoxie des 17. Jahrhunderts engagierte sich für die Lesefähigkeit der Gläubigen, und zwar nicht nur in Sachsen-Gotha, sondern auch in Nürnberg und in Oldenburg [339: LEDER; NORDEN in: 333: HINRICHS/NORDEN]. Die Alphabetisierung der Laien erschien jetzt aus volksmissionarischen

Gründen wünschenswert, als eine Notwendigkeit für die Durchführung kirchlicher Reformen und für die Festigung des jeweiligen Glaubensbekenntnisses. Hinzu traten im 18. Jahrhundert lebenspraktische und säkulare ökonomische Gründe, die auch eine moralische Seite hatten im Sinne der geforderten Erziehung zur Industriosität [324: HEINEMANN; 340: MELTON].

So brachte also erst das 18. Jahrhundert einen Schub an Alphabetisierung und Literarisierung der Unterschichten in den Städten und im ländlichen Raum [90: MÖLLER, 268ff.: „Das tintenklecksende Saeculum und die Leserevolution“]. Desinteresse der ländlichen Bevölkerung gegenüber der Elementarschulbildung und die ökonomischen Zwänge der Kinderarbeit in der Landwirtschaft standen noch lange einem Erfolg der Bemühungen entgegen. Eine durchgreifende Literarisierung der städtischen und ländlichen Unterschichten im Sinne einer Lese- und Schreibfähigkeit hat es vor dem 19. Jahrhundert nicht gegeben. Diese von der französischen und englischen Sozial- und Mentalitätsgeschichte diskutierten Probleme sind in der deutschen Forschung erst vereinzelt aufgegriffen worden. Arbeiten von ENGELSING [312], SCHENDA [347], FRANÇOIS [317] und ZIESSOW [354] sind hier zu nennen sowie zwei von E. HINRICHS herausgegebene Sammelbände [333: zusammen mit NORDEN, 335: zusammen mit WIEGELMANN].

Hindernisse bei Durchführung der Elementarschulreform

Der Literarisierungsgrad muß in den deutschen Regionen höchst unterschiedlich gewesen sein – hingewiesen sei etwa auf das Ergebnis von NORDEN [in: 333: E. HINRICHS/NORDEN], daß in der Butjadinger Küstenmarsch in Oldenburg Spitzenwerte im europäischen Vergleich erzielt wurden. Die weitere Forschung auf diesem Feld kann nur in Kooperation mit der historischen Volkskunde erfolgen. Wenig wissen wir noch über die populären Lese- und Vorlesestoffe. Das von BÖNING und SIEGERT herausgegebene biobibliographische Handbuch [306] zur Popularisierung aufklärerischen Denkens im deutschen Sprachraum enthält hierzu wertvolles Material. Eine wichtige Rolle spielten ohne Frage religiöse Stoffe, vermittelt durch Predigt, Katechismus, Erbauungsbücher und Gesangbücher: Der Wandel von der Barockpredigt zu Aufklärungs-Gesangbüchern und Aufklärungs-Katechismen, der manchmal mit religiösen Konflikten in den Gemeinden verbunden war („Gesangbuch-Kämpfe“), wäre eine lohnende Thematik, die komparatistische Forschung verdient [H. SCHMIDT in: 335: E. HINRICHS/WIEGELMANN]. Eine beginnende Säkularisierung der Lektüre ging mit dem Aufkommen der Lesegesellschaften im späteren 18. Jahrhundert einher; solche gab

Populäre Lese- und Vorlesestoffe

es nicht nur im bürgerlich-städtischen, sondern auch im ländlich-dörflichen Raum [354: ZIESSOW].

„Leserevolution“ und literarischer Markt

Der Aufbruch der deutschen Literatur seit Lessing, Klopstock und dem Sturm und Drang wurde nur von einer schmalen adelig-bürgerlichen Bildungsschicht von Lesern mitvollzogen. Das 18. Jahrhundert brachte jedoch im ganzen eine deutliche Expansion der Buchproduktion und des literarischen Marktes, mit dem Aufstieg von Leipzig zur ersten deutschen Buchdrucker- und Buchhändlerstadt, mit dem Beginn eines regelmäßigen literarischen Zeitschriftenwesens, mit dem Aufkommen von „freien“ Schriftstellerexistenzen (Klopstock, Lessing, Schubart), mit einem allmählichen Zurücktreten des Anteils theologischer und religiöser Literatur an der Gesamtproduktion und einem damit korrespondierenden Ansteigen des Anteils der schönen und der philosophischen Literatur [337: KIESEL/MÜNCH; 84, 85: MARTENS; 302: WILKE]. Die literarisch anspruchsvolle Reform des Theaters durch Gottsched und Sonnenfels ist eine parallele Entwicklung. Die Verbreitung von Schulbüchern, oft in Massenauflage, gehört ebenfalls zu den Neuansätzen der Aufklärungszeit, auch die Gründung von eigenen Schulbuchverlagen durch Felbiger in Wien und Campe in Braunschweig. Mit der Expansion des Buchmarktes gewann die kirchliche und staatliche Zensur eine veränderte Bedeutung und führte zu manchen Konflikten [351: SCHWARTZ; 194: KLINGENSTEIN]. Gerade im Zusammenhang mit Zensurproblemen zeigte sich freilich auch ein Beginn der Emanzipation der aufgeklärten lesenden Öffentlichkeit, in der die Forderung nach Preßfreiheit laut wurde [138: MÖLLER, 208 ff.].

Zensurprobleme

Emanzipationsphänomene zwischen Barock und Klassik

Trotz der nicht zu unterschätzenden traditionellen Elemente in der Gesellschaft und ihrer „langen Dauer“ war der Gedanke der *Emanzipation* in der Bildungsgeschichte zwischen Barock und Klassik ein Leitmotiv: Ausgang der Menschen aus „selbstverschuldeter Unmündigkeit“ (Kant 1784). Emanzipation des Individuums war ein Anliegen der Aufklärung, das von den pädagogischen Denkern der Zeit verfolgt wurde [42: REBLE]; die in der Bildungsgeschichte so einflußreichen religiösen Reformbewegungen des Pietismus und der katholischen Aufklärung beförderten die Mündigkeit des Laienchristen gegenüber amtskirchlicher Bevormundung [73: HERSCHE; 332: C. HINRICHS; 110: VALJAVEC; 115: WINTER]; die ökonomischen und juristischen Sachwalter des aufgeklärten Absolutismus forderten die Weltlichkeit der Schule als ein „politicum“ [319: GRIMM; 324: HEINEMANN; 336: JEISMANN]; eine politische Emanzipation der Unterschichten war nicht das Ziel der alphabetisierenden Elementarschulreform oder gar der Industrieschulbewegung, aber eine längerfristige Auswirkung [325: HEINEMANN/RÜTER; 335: E. HINRICHS/WIEGELMANN]; die Verwendung des Deutschen als Unterrichtssprache an den Universitäten (Weigel, Thomasius, Wolff, Seibt, Sonnenfels) bereitete einer Emanzipation der Kulturnation den Weg.

Bildung für Frauen, Juden und nichtdeutsche Völker

Emanzipationsphänomene waren auch die verstärkten Bemühungen um Mädchen- und Frauenbildung [32: ENGELBRECHT; 38: LIEDTKE], die Entdeckung des „lesenden Frauenzimmers" [84: MARTENS], die literarische Rolle von Dichterinnen wie der Gottschedin und der Karschin (vgl. den Sammelband „Deutsche Dichter", hrsg. von GRIMM und MAX, Bd. 3: Aufklärung und Empfindsamkeit, Stuttgart 1988) sowie die Immatrikulation und Promotion von Juden an Universitäten, vor allem in der Medizin, und die Teilnahme eines Mendelssohn am intellektuellen Leben [225: RICHARZ; 138: MÖLLER]. Die erste Doktorpromotion einer Frau fand 1754 zum Dr. med. an der Reformuniversität Halle statt, wo im 18. Jahrhundert auch die höchste Zahl jüdischer Studierender anzutreffen war [zu Halle: 179; 225: RICHARZ]. Schließlich muß hingewiesen werden auf die Anfänge einer kulturellen Emanzipation der nichtdeutschen Völker in der Habsburger Monarchie, wozu vor allem die theresianisch-josephinische Volksschulreform beigetragen hat [115: WINTER; 32: ENGELBRECHT]. In den Grenzgebieten des deutschen Sprachraums im Osten barg das Lesenlernen und Schreibenlernen der nichtdeutschen Nationalitäten den Stoff für künftige Emanzipationskonflikte in sich.

5. Eine Internationale des Geistes? – Europäische Bildung und klassisches Altertum

Europäische Kultursprachen und Modelländer

Vor der kulturellen Entfaltung Deutschlands durch Nationalliteratur und Philosophie im späten 18. Jahrhundert war im Reich und im alten deutschen Sprachraum der gesamteuropäische Charakter von gelehrter Bildung selbstverständlich [91: MÖLLER, 385–494]. Der Gebildete bediente sich der europäischen Kultur- und Wissenschaftssprachen Latein und Französisch und orientierte sich an europäischen Modelländern – zunächst an Italien, dann an den Niederlanden und Frankreich, schließlich auch an England. Die bildenden Künste, die Musik und die Literatur in den deutschen Ländern und Städten zwischen 1650 und 1800 bezeugen die Vorbildlichkeit der Nachbarländer im Süden und Westen auf vielfältige Weise.

„Naturwissenschaftliche Revolution" in Westeuropa

Am ausgeprägtesten war die geistige Führung der südlichen und westlichen Nachbarn im Bereich der aufkommenden Naturwissenschaften. Die „scientific revolution" von Galilei bis Newton fand zwischen Florenz und London, Amsterdam und Paris statt – hier entwickelten sich Physik und Chemie, Botanik und Zoologie zu modernen empirischen Disziplinen jenseits der aristotelisch-humanistischen Wissenschaftskonzeption [69: HALL; 107: THORNDIKE; 160: F. WAGNER]. In Deutschland war davon im 18. Jahrhundert eher nur rezeptiv die Rede, trotz mancher Forscherpersönlichkeiten wie Leibniz, Euler und Lambert, deren Leistung vor allem auf dem Gebiet der Mathematik lag. Am stärksten war die Ausrichtung auf das naturwissenschaftliche Westeuropa in der Berliner Akademie, an der Göttinger Universität und bei den Begründern einer naturforschenden und klinischen Medizin in der Nachfolge von Boerhaave [259: VON HARNACK; 203: LESKY; 205: LESKY/WANDRUSZKA; 223: PROBST; 155: TOELLNER]. Im übrigen setzte die intellektuelle Erneuerung der deutschen Universitäten andere Schwerpunkte [184, 187: HAMMERSTEIN].

Internationale katholische Barockscholastik

Eine geistige Gegenwelt zu den aufkommenden Naturwissenschaften bildete die katholisch-jesuitische Barockscholastik, die sich auf dem philosophischen Fundament des Aristotelismus fest gegründet glaubte [170: DICKERHOF; 313: ERLINGHAGEN; 112: DE VRIES, Lit.]. Diese hatte einen internationalen lateinischsprachigen Charakter, in den sich die Unterrichtsanstalten in den katholischen Reichsteilen einfügten. Eine feste Bildungsbeziehung bestand nach Rom in das Collegium Germanicum, wo die Jesuiten ausgewählte junge deutsche Kleriker, vor allem Adelige, unterrichteten [380: STEINHUBER; 378: P. SCHMIDT]. Die katholische Aufklärung stand diesem römischen Studium aus Antijesuitismus skeptisch gegenüber, Joseph II. verbot es den Klerikern aus der Habsburger Monarchie aus staatskirchlichen Gründen.

Internationale Gelehrtenrepublik

Internationale Wissenschafts- und Kulturkontakte fanden durch den Buchhandel, etwa auf den Buchmessen in Frankfurt und Leipzig, durch Briefwechsel von Gelehrten, durch auswärtige Mitgliedschaften in Akademien und durch Bildungsreisen statt. Hingewiesen sei etwa auf den weitgespannten Briefwechsel eines Leibniz, Schöpflin, Euler oder Schlözer [123: FINSTER/VAN DEN HEUVEL; 158: VOSS; 27, 28, 390, 391: WINTER] und auf die Mitgliedschaft der französischen Aufklärer Maupertuis, d'Alembert und Condorcet in der Berliner Akademie [259: VON HARNACK].

Wichtig waren Bildungsreisen, die beim Adel als Kavalierstouren als Teil einer standesgemäßen Ausbildung angesehen wurden; sie führten vor allem nach Italien und Frankreich, oft auch zu dortigen Ritterakademien [359: CONRADS; 360: CSAKY-LOEBENSTEIN; 364: KLINGENSTEIN; 393: WUNDERLICH]. Adelige Erziehung und Bildung hatten die Frühe Neuzeit hindurch einen europäischen Horizont, den die Leitbilder des „Cortegiano", „Gentilhomme" oder „Gentleman" markierten [358: BRUNNER]. Das gelehrte Bürgertum strebte dem nach: Auch für Vater und Sohn Goethe bedeutete die Italienische Reise ein zentrales Bildungserlebnis für das ganze Leben [126: GÖRES].

Bildungsreisen nach Süd- und Westeuropa

Stand in Italien die Begegnung mit den Zeugnissen des Altertums und der Renaissance im Vordergrund, so war es in Frankreich die Begegnung mit höfisch-eleganter Lebensart und in Holland mit bürgerlicher Wirtschaftstätigkeit, wozu seit der zweiten Hälfte des 18. Jahrhunderts die Englandreisen kamen, die als Begegnungen mit einer besonders modernen Gesellschaft empfunden wurden. Nachahmung ausländischer Vorbilder, die man von Reisen oder aus der Literatur kannte, war verbreitet: von der neostoisch geprägten „Niederländischen Bewegung" des 17. Jahrhunderts [374: OESTREICH] bis zur Anglophilie des 18. Jahrhunderts [369: MAURER]. Alles überragend waren allerdings zwei Einflüsse: der des klassischen Altertums, erfahren aus Büchern oder in Italien, und der Frankreichs, des Kulturlandes par excellence im „L'Europe des Lumières" [91: MÖLLER, 385–494, z. B. 466].

Humanistische Tradition und konfessionelle Sonderwege

Die europäische Bildung der Frühen Neuzeit hatte ihre Nationen und Konfessionen übergreifenden Fundamente in Humanismus und Renaissance; die geistigen Zentren des Späthumanismus um 1600, Rom, Paris und Leiden, behielten auch im späteren 17. und im 18. Jahrhundert ihre Attraktivität für deutsche Bildungsreisende. Jedoch führte die Konfessionalisierung des Lebens auch zu konfessionell-selektiven Rezeptionsprozessen: Der italienische Reformkatholizismus eines Muratori ebenso wie die Spiritualität der „école française", der französisch-niederländische Jansenismus und die Gelehrsamkeit der benediktinischen Mauriner wurden ausschließlich oder überwiegend in den katholischen Reichsteilen wahrgenommen [394: ZLABINGER; 81: KRAUS; 76: HUBENSTEINER; 73: HERSCHE; HAMMERMAYER in: 70: HAMMER/VOSS; 385: H. WAGNER; 386: WANDRUSZKA], so wie andererseits der Neustoizismus der „Niederländischen Bewegung", der Cartesianismus und die Anglophilie vornehmlich im protestantischen Deutschland Resonanz fanden [374: OESTREICH; 48: STOLLEIS; 103: SCHOLDER; 369: MAURER].

Religionskritik in westeuropäischer und deutscher Aufklärung

Die religionskritische westeuropäische Aufklärung eines Voltaire, der Enzyklopädisten und der englischen Deisten sowie der Spinozismus fanden im protestantischen Raum leichter Eingang, z. B. im Umkreis Friedrichs des Großen, als in den katholischen Ländern, wo eine Rezeption nur verdeckt erfolgen konnte. Auf Friedrich II. und seine Schwester Wilhelmine [121: DILTHEY; 368: MASS], auf Reimarus und Lessing und den Wolfenbütteler Fragmentenstreit [35: GRESCHAT; 145: SCHILSON], aber auch auf Kaunitz [364: KLINGENSTEIN] und einen katholischen Theologen wie Berg in Würzburg [230: SCHINDLING, vgl. DERS. in: RottJbKiG 3, 1984] sei hingewiesen. Die Stellung zu Religion und Religionskritik war ein zentrales Thema der Aufklärung und legt eine Differenzierung zwischen der ‚gemäßigten' Aufklärung in Deutschland und der ‚radikalen' in Westeuropa nahe [62: CASSIRER; 90: MÖLLER; 49: STUKE; 111: VALJAVEC]. Günstig für Kirchen und Theologie wirkte sich in Deutschland der Umstand aus, daß die Universitäten mit ihren Theologischen Fakultäten durch die von Halle ausgehende Reform die Zentren des geistigen Lebens blieben, daß also die wissenschaftliche Bewegung in ständigem institutionellem Kontakt auch mit dem religiösen Denken – und umgekehrt – stand, was in Frankreich und England so nicht der Fall war. Die von HAMMERSTEIN [181, 183, 184, 187] herausgearbeitete Bedeutung der thomasianischen Wissenschaftsreform erweist sich für alle Bereiche der Bildung und Wissenschaft als gültig.

Universitäten Straßburg und Pavia

Bezeichnenderweise fanden in Italien, Frankreich und England die Universitäten nur noch ein geringes Interesse der deutschen Bildungsreisenden – hierin zeigte sich seit dem späteren 17. Jahrhundert ein Wandel gegenüber dem 16. Jahrhundert. Den dortigen Anstalten konnte man sich als Deutscher überlegen fühlen – auszunehmen sind die protestantisch-städtische Universität in Straßburg, die dem deutschen Universitätssystem integriert war, und die Universität Pavia in der österreichischen Lombardei, die in den Reformprozeß der theresianischen Ära einbezogen wurde [158, 159: VOSS; 203: LESKY].

Niederländische Universitäten und deutsches Geistesleben

Eine besondere Stellung hatten die Universitäten in den nördlichen Niederlanden, vor allem die Universität Leiden. Die niederländischen Hochschulen zogen nicht nur deutsche Studenten, in erster Linie aus reformierten Gebieten, an, sondern wirkten auch in Theologie (Coccejanismus) und Philosophie (Lipsianismus bzw. Neustoizismus, Cartesianismus), in Naturwissenschaften und Medizin auf Deutschland ein [374: OESTREICH; 48: STOLLEIS; 103: SCHOL-

DER; 382: TOELLNER/VAN LIEBURG]. Eine herausragende Bedeutung kam der Reform des Medizinstudiums durch den klinischen Unterricht zu, wie Boerhaave ihn in Leiden praktizierte und wie sein Schüler van Swieten ihn in Wien im Rahmen der theresianischen Studienreform organisierte. Auch Haller war Schüler Boerhaaves. Zur Ausstrahlung der niederländischen Universitäten auf das wissenschaftliche Leben in Deutschland ist auf Arbeiten von SCHNEPPEN [379] und FRIJHOFF [175] hinzuweisen, für die Medizin und die Rolle von van Swieten und Haller auf LESKY [203], PROBST [223] und TOELLNER [155].

Schweizerisch-deutsche Bildungsbeziehungen

Während von den Niederlanden ein starker Einfluß auf die deutschen Länder ausgeübt wurde, nahm die Schweiz am geistigen Leben Deutschlands unmittelbar teil. Dies gilt für die Werke schweizerischer Schriftsteller wie Iselin, Bodmer, Breitinger, Gessner und Lavater ebenso wie für das Wirken schweizerischer Gelehrter an deutschen Hochschulen, Akademien und Höfen wie Haller, Euler und Müller [363: IM HOF; 155: TOELLNER; 27, 390: WINTER; 118: BONJOUR; 142: PAPE]. Die katholische Schweiz war durch jesuitische und benediktinische Beziehungen eng mit der katholischen Bildungslandschaft im Südwesten des Reiches verbunden [255: HAMMERMAYER, DERS. in: 70: HAMMER/VOSS; 231: SCHINDLING]. Andererseits spielten die reformierten schweizerischen Hochschulen nach 1650 für deutsche Studenten nicht mehr die Rolle, die ihnen in der Epoche davor zugekommen war. Der Genfer Rousseau hatte im späteren 18. Jahrhundert literarischen Einfluß auf Dichtung und Pädagogik in Deutschland (Empfindsamkeit, Philanthropinismus), dies gehört freilich mehr in den Zusammenhang der französischen Kulturhegemonie als in den spezifisch schweizerischer Kulturkontakte. Von Rousseau mit angeregt war das Bildungsinteresse für die Natur und die Freiheitsgeschichte der Schweiz (Müller, Goethes Schweizerreise, Schillers Tell).

Rezeption europäischer Denker im deutschen Raum

Die großen Denker des Westens hatten im deutschen Raum ihre je eigene Wirkungsgeschichte – dies gilt für Machiavelli und den Machiavellismus (Friedrichs II. Antimachiavell) ebenso wie für Lipsius, Grotius, Hobbes, Locke, Montesquieu, Voltaire, Hume und Smith. Hingewiesen sei etwa auf die Literatur zum Lipsianismus, zu Pufendorf, Thomasius und Wolff und zum Naturrecht [374: OESTREICH; 48: STOLLEIS; 137: MODÉER; 147, 148: SCHNEIDERS; 78: KLIPPEL], auf einen Aufsatz von VIERHAUS [383] über Montesquieu in Deutschland und auf einen von BROCKMEIER, DESNÉ und VOSS herausgegebenen Sammelband [357] über Voltaire und Deutschland [wichtige ältere Arbeiten zur Rezeption Voltaires: 365: KORFF und 371: MÖNCH]. Zur Rezeption von Diderot vgl. MORTIER [372]. Für manche zu ihrer Zeit einflußreiche westeuropäische Denker vermißt man allerdings eine gründlichere Erforschung ihrer deutschen Wirkungsgeschichte – so für Bossuet, Fénelon, Locke und Hume. Vor allem gilt dies für die „alltägliche" Rezeption und Wissensvermittlung in Universitäten und Schulen, die nicht vom „Gipfelgespräch" der großen Geister erfaßt wurde. Die Einflüsse der westeuropäischen Aufklärungsgeschichtsschreibung auf die deutschen Historiker behandelt MUHLACK [93]; im besonderen haben MÖLLER [in: 133: KUNISCH] und MUHLACK [373] auch die Bedeutung Voltaires für die Historiographie Friedrichs des Großen untersucht.

Französische Sprache und französisches Denken im Reich

Für die Vermittlung französischen Denkens nach Deutschland gab es mehrere Wege und Zentren: Eine besondere Rolle spielte das Elsaß mit der Universität Straßburg [158, 159: VOSS, DERS. in: 70: HAMMER/VOSS]; daneben pflegten südwestdeutsche Residenzen wie Mannheim, Zweibrücken und Karlsruhe enge Kontakte nach Frankreich [357: BROCKMEIER u. a.]; wichtig waren die Präsenz der Hugenotten, vor allem in Brandenburg-Preußen [68: GEIGER; 381: VON THADDEN/MAGDELAINE], und natürlich Friedrich der Große und seine Umgebung in Potsdam und Berlin [121: DILTHEY; 133: KUNISCH; 370: MERVAUD; 371: MÖNCH] sowie Friedrichs Schwester Wilhelmine in Bayreuth [368: MASS]; außerdem ist auf Gottsched als Übersetzer des Wörterbuchs von Bayle in Leipzig hinzuweisen [GAWLIK in: 207: MARTENS; 377: SAUDER]; in Wien wirkten sich einerseits die Herkunft des Herrscherhauses aus Lothringen seit Franz I. [384: H. WAGNER] und andererseits reformkatholisch-jansenistische Einflüsse aus, die aus Frankreich und Belgien oft über die nördlichen Niederlande liefen [73: HERSCHE].

Einflüsse aus Italien und aus England

Neben dem dominierenden Einfluß des französischen Aufklärungsdenkens, getragen von der Stellung des Französischen als höfisch-eleganter Bildungssprache, ist in der Habsburger Monarchie, in Salzburg und Bayern eine Rezeption der italienischen Aufklärung (Muratori) [81: KRAUS; 385: H. WAGNER; 386: WANDRUSZKA; 394: ZLABINGER] und in Norddeutschland, vor allem in Göttingen, eine Aneignung englischen Denkens zu beobachten [369: MAURER]. Komparatistische Forschungen über die Rezeptionsströme, ihre Wege und Zentren, aus der Romania und aus England in die deutschen Länder sind ein Desiderat. Ob es auch stärkere Rezeptionsvorgänge in umgekehrter Richtung gegeben hat, bleibt fraglich, wenn man einmal von dem Sonderfall Friedrichs des Großen und seiner Rolle in der französischen Literaturgeschichte absieht [121: Dilthey; 133: Kunisch; 370: Mervaud; 371: Mönch]; die friderizianische Berliner Akademie konnte ja als eine Einrichtung des französischen Geisteslebens erscheinen [259: von Harnack].

Deutscher Kultureinfluß im Osten Europas

Anders als im Verhältnis zum Westen waren die geistigen Beziehungen der deutschen Länder zum Osten Europas. Der deutsche Kultureinfluß war dort vielfach von entscheidender Bedeutung. Auf die Rolle der theresianisch-josephinischen Volksschulreformen für das nationale Erwachen der nichtdeutschen Völker in der Habsburger Monarchie wurde hingewiesen. Die regelmäßigen Bildungsbeziehungen der ostmitteleuropäischen lutherischen Protestanten, von Siebenbürgen über die Slowakei bis zum Baltikum, zu den lutherischen Universitäten im Reich, vor allem in Mitteldeutschland, müssen ebenfalls betont werden [190; 232: S. Schmidt]. Eine besondere Rolle spielte die St. Petersburger Akademie, die enge Wissenschaftskontakte nach Deutschland unterhielt (Euler, Schlözer) [28, 390, 391: Winter]. Wichtig war auch, daß einige Gelehrte sich im Zeichen der Historisierung des Denkens der Geschichte der slawischen und nichtslawischen Völker Osteuropas zuwandten. Neben dem überaus einflußreichen Herder sind hier Schlözer in Göttingen und Dobner, Pelzel und Dobrovsky in Prag zu nennen [86: Meinecke; 144: Sauder; 28, 115, 391: Winter]. An der Universität Halle bemühten sich die Pietisten schon zu Beginn des 18. Jahrhunderts um die west- und südslawischen Sprachen, um die vielfach im Geheimen lebenden Protestanten in den Ländern der Habsburger Monarchie missionarisch unterstützen zu können.

Halle und die Slawen

Die deutsch-slawischen Kulturkontakte hat Winter erforscht, vor allem ist seine „Hallische Trilogie“ [387, 388, 389] zu nennen über tschechische und slowakische Glaubensflüchtlinge, über die slawischen Sprachstudien der Pietisten und über die Anfänge der deutschen Rußlandkunde ebenfalls im Kreise der Pietisten. Dem Anteil kirchlicher Kräfte – katholischer, protestantischer und orthodoxer – bei der Ausbreitung aufgeklärten Denkens in Mittel- und Osteuropa ist die zusammenfassende Darstellung von Winter [392] über die Frühaufklärung gewidmet. Die die deutsche Geschichtsschreibung lange beherrschende Einengung auf die romanischen und germanischen Völker sollte auch in der Bildungs- und Wissenschaftsgeschichte der Vergangenheit angehören. Beiträge hierzu bringen zwei von Lesky u. a. [367] bzw. von Amburger u. a. [356] herausgegebene Sammelbände zur Aufklärung und zur Wissenschaftspolitik in Ostmitteleuropa und Osteuropa (z. B. Olmützer

„Societas incognitorum", Olmützer Universität, Bergakademie Schemnitz, Elementarschulreform bei den Serben in der Habsburger Monarchie, Königsberger Deutsche Gesellschaft).

Deutsche als Gestalten europäischer Bildung

Als Persönlichkeiten europäischer Bildung im Deutschland des 18. Jahrhunderts prägten sich besonders Leibniz, Friedrich der Große, Winckelmann und Goethe ein. Repräsentierte Leibniz einen deutschen Anteil an der mathematisch-naturwissenschaftlichen Revolution des Denkens [120: DILTHEY], so markierte Friedrich II. einen Höhepunkt französischen Kultureinflusses in Deutschland, und zwar nicht in modischer Nachahmung, sondern in reflektierender geistiger Auseinandersetzung, die vor allem in seiner Beziehung zu Voltaire ihren Ausdruck fand [133: KUNISCH; 370: MERVAUD; 371: MÖNCH; 373: MUHLACK]. Winckelmann lehrte die Kunst des Altertums neu sehen und begreifen [131: JUSTI; 125: GAEHTGENS]. Goethe schließlich gestaltete in Leben und Werk eine ganz neue, eigenständige und fruchtbare Rezeption des klassischen Altertums [57: BARTH; 86: MEINECKE; 109, 156: TÜMMLER]. In der Weimarer Klassik, dann in Neuhumanismus und Idealismus wurde um 1800 die Antike noch einmal als geistiges Modell für die deutsche Bildungsgeschichte wirksam.

Kontinuität humanistischer Antike-Rezeption

Das klassische Altertum war durch die Kontinuität des humanistischen Gymnasiums Melanchthonscher, Sturmscher oder jesuitischer Prägung seit dem 16. Jahrhundert im Bildungswissen der Elitenschichten stets präsent geblieben [44: K. A. SCHMID; 40: PAULSEN]. Die klassische Literatur der Griechen und Römer, ihre Stoffe, Gattungen und Stilformen, formte das Denken und Dichten, ebenso wie die aristotelische Philosophie an den Universitäten bis ins 18. Jahrhundert die Denkschulung bestimmte. Nur auf der Grundlage einer geregelten ciceronianisch-rhetorischen Ausbildung an Gymnasien und Universitäten konnte sich die formenreiche Barockrhetorik in Literatur und Leben entfalten [55: BARNER]. Der Kampf gegen den Aristotelismus, wie er von den Hallenser Universitätsreformern und den katholischen Aufklärern ausgefochten wurde, war auch ein Kampf gegen eine spezifische Form schulisch vermittelter, „scholastischer" Antike-Rezeption [239, 240: WUNDT; 181, 182: HAMMERSTEIN].

Ablösung der universalgeschichtlichen Vier-Weltreiche-Lehre

Jedoch sollte mit Aristoteles keineswegs die Vorbildlichkeit der Antike als Modellepoche menschlicher Kultur abgeschafft werden, vielmehr trat an die Stelle einer scholastisch-normativen Rezeption eine historische Sicht des Altertums. Die Ablösung der nach den vier Weltreichen gegliederten christlichen Universalgeschichte durch eine säkulare Geschichtskonzeption, die die drei Epochen Altertum, Mittelalter und Neuzeit zur Grundlage hatte, bereitete hierfür den Weg [104: SEIFERT]. Durchgesetzt wurde die neue universale Epochengliederung der Geschichte von Halle aus (Cellarius) [93: MUHLACK; 228: SCHERER]. An der Reformuniversität Göttingen vertraten Gesner und Heyne die klassischen Studien mit erheblicher Wirkung und bahnten die disziplinäre Verselbständigung der Altphilologie im Rahmen der Fächer der Philosophischen Fakultät an [30: BURSIAN; MUHLACK in: 113: VIERHAUS]. Neben diese qualitativ erneuerte philologische Antike-Rezeption trat mit Winckelmann eine ästhetische Antike-Rezeption, die für das Kunstverständnis des späteren 18. Jahrhunderts, gerade auch für Goethe, von grundlegender Bedeutung wurde [131: JUSTI; 125: GAEHTGENS].

Neue Antike-Rezeption durch Winckelmann und Weimar

Die neue Aneignung der Antike als Reform des Lebens blieb nicht nur deutsch-römisches Bildungserlebnis in Italien, sie wurde nördlich der Alpen in Anhalt-Dessau, dann in der klassischen Phase in Sachsen-Weimar erprobt: Dazu gehören ebenso der Wörlitzer Landschaftsgarten und die „olympischen“ Spiele am Drehberg bei Dessau wie Goethes Iphigenie auf dem Hoftheater in Weimar sowie Goethes und Schillers literarische Freundschaft und Zusammenarbeit in den 1790er Jahren [75: HIRSCH; 86: MEINECKE; 57: BARTH; 109, 156: TÜMMLER]. Antike-Begeisterung und Klassizismus bestimmten das geistige Klima in den deutschen Ländern in der zweiten Hälfte des 18. Jahrhunderts: So wie die Akademien, vor allem die Münchener und die Mannheimer, über die Zeugnisse der römischen Vergangenheit in Deutschland forschten [247: FUCHS; 266, 267: KRAUS], so lösten in den bildenden Künsten die strengen klassizistischen Formen die Bewegtheit des Barock und des Rokoko ab.

Klassik und Klassizismus

Die Antike war für die Gebildeten der Frühen Neuzeit die fremde und doch vertraute Kultur, die Maßstäbe jenseits der eigenen christlich-abendländischen Lebenswelt vermitteln, die ein Arkadien, einen idyllischen Ort, eine Utopie jenseits des Alltags heraufbeschwören konnte [355: ADAM; 361: K. GARBER]. Bei den Diskussionen des 18. Jahrhunderts über Religion und Moral spielte die Antike als Modell stets eine große Rolle, bei Staatstheoretikern wie Montesquieu ebenso wie in der dichterischen Weltdeutung eines Goethe und Schiller. Der Weg zu einer dogmenfreien natürlichen und vernünftigen Religion, der Weg auch zu einer Religion der Humanität schien sich über die Begegnung mit der Antike eröffnen zu können. Eine in der Funktion vergleichbare Erweiterung des Bewußtseins über die Grenzen des Abendlandes hinaus konnte auch

Gegenmodelle zur Gegenwart: Antike, China, Christentum

die Begegnung mit außereuropäischen Kulturen bringen, so das sich mehrfach bekundende Interesse für China und die chinesische Philosophie. Hinzuweisen ist auf Wolff und seine Hallische Prorektoratsrede von der Weisheit der Chinesen [1: ALBRECHT]. Andererseits fehlte es nicht an Bestrebungen, dem aufgeklärten Rationalismus und dem Antike-Kult im ausgehenden 18. Jahrhundert eine aus den Kräften des religiösen Gefühls erneuerte christliche Bildung entgegenzustellen (Claudius, Stolberg, der „Kreis" von Münster) [106: SUDHOF].

Ende des älteren Schulhumanismus durch neuhumanistische Antike-Rezeption

Die Kluft zwischen philologisch-historischer und ästhetisch-weltanschaulicher Antike-Rezeption einerseits und Lebenspraxis andererseits öffnete sich freilich weit. Der Umbruch um 1800 und die Reformzeit, vor allem die Bildungsreformen in Preußen, schlossen diese Kluft nicht, sondern im Gegenteil: Das Resultat der Reform war ein eigener preußisch-deutscher Weg, der an dem in Deutschland bewährten Modell der Vier-Fakultäten-Universität festhielt, der die nützlichen Wissenschaften der utilitarischen Aufklärung aber daraus verbannte und der mit Idealismus und Neuhumanismus geistig den Anschluß an eine Antike-Rezeption jenseits der Schulmäßigkeit und des Konfessionalismus der Frühen Neuzeit suchte. Für den traditionsreichen christlichen Schulhumanismus Melanchthonscher oder Sturmscher bzw. jesuitischer oder benediktinischer Prägung bedeutete dies das Ende. Das polyhistorische Bildungsideal der Barockzeit und die polytechnische Praxisbezogenheit der Aufklärung wurden verdrängt und abgewertet.

Entstehung des Historismus

Die Frage, ob der neuhumanistische Klassizismus mit seiner Rezeption einer idealen Antike – „das Land der Griechen mit der Seele suchend" (Iphigenie) – demgegenüber nicht nur Versatzstücke einer Bildungsreligion anbot, muß gestellt, kann hier aber nicht beantwortet werden. Auf jeden Fall war der neue Schub einer Antike-Rezeption als Folge von Winckelmann und Weimar im zu Ende gehenden 18. Jahrhundert fruchtbar und schöpferisch für die Entstehung des Historismus als einer zentralen wissenschaftlichen Leistung der preußisch-deutschen Universität im 19. Jahrhundert – hiervon gingen jetzt auch starke Außenwirkungen auf die europäische Bildung aus [MORAW in: 211: MORAW/PRESS; 93: MUHLACK, DERS. in: 164: BAUMGART/HAMMERSTEIN].

6. Vom ‚Barock‘ zur ‚Spätaufklärung‘? – Das Problem der Periodisierung

Kein einheitlicher Epochenbegriff

Eine homogene Epoche waren die eineinhalb Jahrhunderte von 1650 bis 1800 in der deutschen Bildungs- und Wissenschaftsgeschichte nicht. Sie lassen sich nur schwer unter einem Epochenbegriff zusammenfassen. Auch für einzelne Perioden gibt es unterschiedliche Benennungsvorschläge: Barock, Frühaufklärung, Hochaufklärung, Spätaufklärung, Lessingzeit, Goethezeit, Vorklassik, Klassik; das „tintenklecksende Säkulum“ (Schiller) steht neben dem pädagogischen oder dem philosophischen Jahrhundert; Goethe sprach von dem Jahrhundert Winckelmanns, Kant von dem Friedrichs des Großen. Gegen jeden dieser Begriffe kann man Bedenken anmelden. Ihre Verwendung in der Literatur ist ungleichmäßig und meist eher verschwommen. Begriffsgeschichtlich untersucht ist nur der Aufklärungs-Begriff [49: STUKE; 90: MÖLLER].

Periodisierung der Aufklärung

Unumstritten ist, daß die Aufklärung die zentrale geistige Bewegung des 18. Jahrhunderts war. Problematisch ist jedoch ihre Periodisierung [90: MÖLLER, 19–36 und 89: DERS.]. Die ‚Aufklärung‘ wird, ausgehend von der deutschen Literaturgeschichte, gelegentlich mit der Lebens- und Wirkungszeit Lessings gleichgesetzt; das frühere 18. Jahrhundert vor Gottsched und Gellert gehört dann noch nicht, das spätere seit Empfindsamkeit und Sturm und Drang nicht mehr dazu. Demgegenüber beginnt in der Philosophiegeschichte, politischen Ideengeschichte und Rechtsgeschichte die ‚Frühaufklärung‘ mit Pufendorf, Leibniz und Thomasius, und die ‚Aufklärung‘ reicht bis zu Kant und zum Allgemeinen Landrecht. Der Königsberger Philosoph wird nicht dem Stichwort ‚Spätaufklärung‘ zugeordnet, das aber für die gleichzeitige Göttinger Historikerschule gern gebraucht wird. Die ‚katholische Aufklärung‘ schließlich setzte frühestens in den 1730er Jahren ein, erstreckte sich aber in ihren Auswirkungen im Spätjosephinismus und Wessenbergianismus bis in die 1830er und 1840er Jahre [115: WINTER; 141: WO. MÜLLER]. Zu einer ähnlich zeitversetzten Periodisierung bis in das 19. Jahrhundert hinein gelangen Untersuchungen zur Volksaufklärung und zur Wirkungsgeschichte der aufgeklärten Elementarschulreformen [306: BÖNING/SIEGERT; 321: HANSCHMIDT].

Die regionale Vielfalt im Alten Reich und im alten deutschen Sprachraum, die Zeitverschiebungen im Raum und in den gesellschaftlichen Schichten müssen auch in einer entsprechend offenen Begrifflichkeit für Periodisierungen zum Ausdruck kommen. Gleichzeitigkeit von ungleichartigen Phänomenen war in der Bildungsgeschichte der deutschen Länder und Städte oft anzutreffen: etwa Frühaufklärung in Halle neben Hochbarock in Wien und München, Vorklassik und Klassik in Dessau und Weimar neben Josephinismus in der Habsburger Monarchie. Die Lebenszeit Goethes, die ‚Goethezeit', deckte sich ziemlich genau mit der von WINTER [115] und VALJAVEC [110] herausgearbeiteten Erstreckungszeit des Josephinismus. Dazu kommt die musikalische Wiener Klassik neben der literarischen Weimarer Klassik. Frühzeitige Literarisierung der Landbevölkerung in Sachsen-Gotha, Oldenburg und anderswo stand neben Analphabetismus bis tief ins 19. Jahrhundert hinein [335: E. HINRICHS/WIEGELMANN]. Die konfessionelle Scheidung in Länder und Städte protestantischer oder katholischer Tradition wirkte sich vor allem in der Gleichzeitigkeit von Ungleichartigem aus. Ausdrucksformen einer Kultur des Wortes standen neben Ausdrucksformen einer Kultur der bildenden Künste und der Musik [340: MELTON].

Gleichzeitigkeit von ungleichartigen Phänomenen

Um 1700 lebten die katholischen Reichsteile unter Führung Österreichs in dem Gefühl kultureller Überlegenheit, eingebunden in die Internationalität des barocken katholischen Europa. Um 1800 hatte sich die Situation genau umgekehrt zugunsten der protestantischen deutschen Länder unter Führung Preußens und mit dem Anspruch einer deutschsprachigen Nationalliteratur und Nationalkultur. Konkurrenz und das Bedürfnis, Vorsprünge zu erzielen bzw. erkannte Rückstände aufzuholen, bestimmten die Bildungs- und Wissenschaftspolitik der Territorien im Reich. Isolierende Betrachtung eines Territoriums oder einer Stadt, einer Region oder einer konfessionellen Tradition bzw. selektive Wahrnehmung von Denkrichtungen greifen zu kurz: Dies gilt ebenso für eine Kulturgeschichtsschreibung mit kleindeutsch-protestantischer wie mit bloß österreichischer oder bayerisch-süddeutscher Ausrichtung. Trotz aller Absonderung gab es im Bereich von Bildung und Wissenschaft grenzüberschreitende Wechselwirkungen zwischen den deutschen Ländern (Naturrechtsphilosophie, Reichspublizistik, Historisierung des Denkens, Volksschulreformen u. a.). Die komparatistische Betrachtung der Bildungsinstitutionen und wissenschaftlichen Strömungen im Rahmen des Reiches – und darüber hinaus im Rahmen des alten deutschen Sprachraums – muß ein methodisches Gebot für jede ‚deutsche' Kulturgeschichtsschreibung sein. Gelungene Versu-

Bildungspolitische Konkurrenz der Territorien und Konfessionen

Notwendigkeit komparatistischer Betrachtung

che sind: HAMMERSTEIN [181, 182], KRAUS [267], MAIER [39], MELTON [340], MÖLLER [90], SCHERER [228], STOLLEIS [48].

Vorbildliche Untersuchungen

Neben Periodisierungen, die stets einen hypothetischen Charakter behalten – so notwendig sie sind –, sollte die Besinnung auf Figurationen und Typen in Bildung und Wissenschaft treten. Dabei kann eine grundlegende Tatsache das Richtmaß bilden: Die Kontinuität des Humanismus und des humanistischen Gelehrtentyps war bestimmend für die Bildungsgeschichte der gesamten Frühen Neuzeit vom 16. Jahrhundert an, weitgehend auch unter Einschluß des 18. Jahrhunderts [355: ADAM; 361: K. GARBER; 82: KÜHLMANN; 108: TOELLNER]. Man mag in diesem Kontinuitätsstrang der humanistischen Bildungstradition im Verlauf des 17. Jahrhunderts eine Entwicklung vom Späthumanismus um 1600 zum polyhistorischen Gelehrtentum der Barockzeit unterscheiden und im 18. Jahrhundert eine von dem der Latinität verpflichteten Gelehrten zu dem deutsch lesenden und schreibenden Gebildeten – die Konstanz einer literarischen Bildung, die an der Antike geschult und dem Christentum verpflichtet war, blieb über alle Stilwechsel hinweg erhalten. Die Aufklärung, wenn sie auch den Aufbruch zur Moderne einleitete, war in vielfältigster Weise in die humanistische Bildungstradition seit dem 16. Jahrhundert eingebunden: MUHLACK [93] hat dies für die Geschichtsschreibung dargestellt.

Kontinuität von Humanismus und humanistischem Gelehrtentyp

Der in die Tiefe greifende Umbruch in der deutschen Bildungs- und Wissenschaftsgeschichte lag – wie in der politischen Geschichte und der Sozialgeschichte – nach 1800, in den Auswirkungen der Französischen Revolution und in den Reformen zur Zeit der napoleonischen Herrschaft. Dies belegen zahlreiche für die Wissenschaftsgeschichte relevante begriffsgeschichtliche Artikel in dem Lexikon „Geschichtliche Grundbegriffe“ (hrsg. von OTTO BRUNNER, WERNER CONZE, REINHART KOSELLECK, 1972–1992). Viele Institutionen der älteren Bildung wurden jetzt aufgelöst: eine ganze Reihe von Universitäten, vor allem die kleineren und die katholischen der bisherigen geistlichen Staaten, ferner (außerhalb Österreichs) die Klöster mit ihren Schulen und Bibliotheken. Die Säkularisation von 1803 und ihre Folgen verschoben in Bildung und Wissenschaft das Gleichgewicht zugunsten der protestantischen deutschen Länder. Die Gründung der Berliner Universität 1810 war, so gesehen, im Zeichen von Neuhumanismus und Idealismus ein erstrangiges Epochenereignis, von dem auch schnell über Preußen hinausreichende Wirkungen ausgingen [MORAW in: 211: MORAW/PRESS; MUHLACK in: 164: BAUMGART/HAMMERSTEIN].

Bildungsgeschichtlicher Umbruch um 1800

In den eineinhalb Jahrhunderten zuvor gibt es kaum ein – auf einen Ort festlegbares und datierbares – Epochenereignis von gleichem Zäsurcharakter: Nur die Gründung der Universität Halle 1694 läßt sich für den Beginn der Frühaufklärung in Bildung und Wissenschaft anführen. Aber es dauerte Jahrzehnte, bis die Hallesche Wissenschaftsreform andere protestantische Universitäten prägte und bis sie in das katholische Reich hinübergriff. Allerdings hat Halle in der Weise „Epoche gemacht", daß es als Reformuniversität die geistige und wissenschaftliche Bewegung – vor allem die sich anbahnende Historisierung des Denkens, ausgehend von der Reichs-Jurisprudenz – mit der traditionellen Institution der Universität verband und so für die deutsche Bildungsgeschichte einen Weg wies, der sich von dem Bedeutungsverlust der Universitäten in Italien, Frankreich und England kontrastreich unterschied.

Zäsurcharakter der Halleschen Wissenschaftsreform

Hammerstein [181, 182, 184, 185, 187] hat diese wirkungsmächtige Bedeutung von Halle herausgearbeitet, und Stolleis [48] folgt ihm in seiner Periodisierung. Abweichende Periodisierungen, vor allem im Zusammenhang mit einer allzu selektiven Betrachtung der Göttinger Historikerschule der ‚Spätaufklärung', sind revisionsbedürftig [98: Reill; 59: Blanke]. Die „lange Dauer" galt in der Frühen Neuzeit auch für Phänomene von Bildung und Wissenschaft und verpflichtet dementsprechend den Historiker auf die Beachtung von geschichtlichen Tiefendimensionen, wofür das Werk von Muhlack [93] ein Modell bietet.

„Lange Dauer" auch in der Bildungsgeschichte

Die Gründung von Halle als Zäsur kann allerdings nicht nur mit dem Periodisierungsbegriff ‚Frühaufklärung' in Verbindung gebracht werden [392: Winter]; sie war ebenso Ausdruck barocken Herrscherwillens und der Kulturpolitik eines barock-absolutistischen Staates [74: C. Hinrichs]. Der Begriff des ‚Barock', der aus der Kunst- und Literaturgeschichte in die allgemeine Kulturgeschichte, die Philosophie- und Wissenschaftsgeschichte übernommen wurde [63: Coreth; 313: Erlinghagen; 74: C. Hinrichs; 76: Hubensteiner; 42: Reble; 105: Spindler; 239: Wundt], hat hier einen schillernden Charakter behalten. Zu den vielschichtigen Problemen der Barock-Rezeption vgl. K. Garber [249, 362, Lit.].

Problematik des Barock-Begriffs

Jedoch erscheint der Barockbegriff geeignet, um die universalen Tendenzen in Wissenschaft und Bildung des 17. Jahrhunderts zu kennzeichnen – das polyhistorische Universalgelehrtentum etwa eines Conring, eines Leibniz oder die noch einmal alles Wissen unter ein theologisches Weltbild subsumierende Neuscholastik der Jesuiten („Barockscholastik") [112: de Vries, Lit.]. Die sachliche und zeitliche Abgrenzung eines Typs barocker Bildung und Wissenschaft einerseits gegenüber dem vorangehenden Späthumanismus und andererseits gegenüber der gleichzeitigen bzw. nachfolgenden Frühaufklärung fällt schwer: Thomasius und Wolff waren zugleich Frühaufklärer und noch immer polyhistorische Barockgelehrte [147, 148: SCHNEIDERS]; Haller, der moderne Naturforscher und Dichter, gilt als der letzte Universalgelehrte [155: TOELLNER]. In der humanistischen Bildungstradition standen sie alle [129, 181, 187: HAMMERSTEIN; 93: MUHLACK].

Abgrenzung zwischen Späthumanismus, Barock und Frühaufklärung

Die unterschiedlichen Elemente von scheinbar verschiedenen geistesgeschichtlichen Epochen mischten sich natürlich erst recht im Alltagsbetrieb von Schulen und Universitäten, von Akademien und Sozietäten sowie in den Bücherschränken der Bibliotheken, die in Schlössern und Klöstern bis zum Ende des 18. Jahrhunderts ein barockes Raumgepräge und eine polyhistorische Struktur in der Bücheraufstellung bewahrten. Wie sehr Humanismus, Barock, Aufklärung und Klassik im konkreten Leben zusammenhingen und ineinander übergingen, kann man nirgendwo so augenfällig erleben wie in Bibliotheken des 17. und 18. Jahrhunderts, in Wien oder Wolfenbüttel, in Göttingen oder Halle, in Kremsmünster oder Melk [97: RAABE].

Bibliotheken als Quellen „alltäglichen“ Geisteslebens

Es wird stets schwierig sein, aus der Bildungs- und Wissenschaftsgeschichte heraus immanente Kriterien für eine Periodisierung zu gewinnen. Hierin liegt vor allem auch ein interdisziplinäres Verständigungsproblem, zum Beispiel zwischen Geschichtswissenschaft und Literaturgeschichte [56: BARNER]. Die wesentlichsten bildungspolitischen und auch wissenschaftsgeschichtlichen Umbrüche in der frühneuzeitlichen Geschichte Deutschlands gingen von Humanismus und Reformation und ihren Folgen im Zeitalter der Konfessionalisierung sowie von der Französischen Revolution aus. Von diesen Wendepunkten aus gesehen, verliert sogar der Übergang vom Barock zur Frühaufklärung an Dramatik und Schärfe.

Interdisziplinäre Verständigungsprobleme

Wichtig ist schließlich: Die Menschen inmitten ihrer Zeit in der konkreten Begegnung und im Umgang mit Bildung und Wissenschaft dürfen nicht aus dem Blick des Historikers geraten. Für Gelehrte, die europäische Zelebritäten waren, gilt dies ebenso wie für Kinder in der Dorfschule, die mühsam das ABC buchstabieren lernten. Eine Bildungs- und Wissenschaftsgeschichte, die das Lehren und Lernen, das Schreiben und Lesen, das Forschen, Sammeln und Darstellen als zentralen Teil ihrer Thematik ansieht – und die nicht bloß die Ideengeschichte der führenden Köpfe als alpine „Gratwan-

„Gratwanderungen“ oder Sozialgeschichte der Bildung?

derung" betreibt –, wird gegenüber verallgemeinernden geistesgeschichtlichen Epochenbenennungen und Periodisierungen (ebenso wie gegenüber teleologischen Unterstellungen, die sich in Periodisierungsbegriffen verbergen können) den Zusammenhang des Lebens bewahren müssen.

III. Quellen und Literatur

Werkausgaben von Gelehrten, Denkern und Dichtern, Bibliographien zu einzelnen Persönlichkeiten und Universitäten sowie Matrikeleditionen von Universitäten und Gymnasien werden nicht angeführt. Zeitschriften erscheinen mit den Abkürzungen, die in der HZ (Rubrik „Aus Zeitschriften und Sammelbänden") verwendet werden [Verzeichnis HZ 257 (1993) XII-XVI].

A. Quellen

1. ALBRECHT, M. (Hrsg.), Christian Wolff, Oratio de Sinarum philosophia practica/Rede über die praktische Philosophie der Chinesen. Hamburg 1985.
2. BLANKE, H. W./FLEISCHER, D. (Hrsg.), Theoretiker der deutschen Aufklärungshistorie, 2 Bde. Stuttgart/Bad Cannstatt 1990.
3. BÖNICKE, CH., Grundriß einer Geschichte von der Universität zu Wirzburg, 2 Teile. Würzburg 1782–1788.
4. BRÜCK, A. PH. (Hrsg.), Kurmainzer Schulgeschichte. Texte, Berichte, Memoranden. Wiesbaden 1960.
5. CONRAD, H./KLEINHEYER, G. (Hrsg.), Vorträge über Recht und Staat von Carl Gottlieb Svarez (1746–1798). Köln/Opladen 1960.
6. CONRAD, H. (Hrsg.), Recht und Verfassung des Reiches in der Zeit Maria Theresias. Die Vorträge zum Unterricht des Erzherzogs Joseph im Natur- und Völkerrecht sowie im Deutschen Staats- und Lehnrecht. Köln/Opladen 1964.
7. DÜLMEN, R. VAN, Der Geheimbund der Illuminaten. Stuttgart/Bad Cannstatt ²1977.
8. EBEL, W. (Hrsg.), Die Privilegien und ältesten Statuten der Georg-August-Universität zu Göttingen. Göttingen 1961.
9. JUSKEVIC, A. P./WINTER, E. (Hrsg.), Die Berliner und die Petersburger Akademie der Wissenschaften im Briefwechsel Leonhard Eulers, 3 Teile. Berlin 1959–1976.
10. KRAUS, A., Die Briefe Roman Zirngibls von St. Emmeram in Regensburg, in: VerhOPfalz 103 (1963) 5–163; 104 (1964) 5–164; 105 (1965) 17–79.

11. Lukacs, L. (Hrsg.), Monumenta Paedagogica Societatis Jesu, 5 Bde. Rom 1965–1986.
12. Mederer, J. N., Annales Ingolstadiensis Academiae, 4 Bde. Ingolstadt 1782.
13. Meiners, Ch., Über die Verfassung und Verwaltung deutscher Universitäten, 2 Bde. Göttingen 1801–1802, Neudruck Aalen 1970.
14. Meiners, Ch., Geschichte der Entstehung und Entwickelung der hohen Schulen unsers Erdtheils, 4 Bde. Göttingen 1802–1805, Neudruck Aalen 1973.
15. Messerer, R., Briefe an den Geh. Rat Joh. Caspar v. Lippert in den Jahren 1758–1800. Ein Beitrag zur Geistes- und Kulturgeschichte Bayerns in der 2. Hälfte des 18. Jahrhunderts, 3 Teile, in: Oberbayerisches Archiv 96 (1972) 1–803; 101 (1976) 129–282; 104 (1979) 259–425.
16. Michaelis, J. D., Räsonnement über die protestantischen Universitäten in Deutschland, 4 Teile. Frankfurt a. M./Leipzig 1768–1776, Neudruck Aalen 1973.
17. Müller, Wo. (Hrsg.), Briefe und Akten des Fürstabtes Martin II. Gerbert von St. Blasien, 2 Bde. Karlsruhe 1957–1962.
18. Pachtler, G. M. (Hrsg.), Ratio studiorum et institutiones scholasticae Societatis Jesu per Germaniam olim vigentes, 4 Bde. Berlin 1887–1894.
19. Pick, E. (Hrsg.), Aufklärung und Erneuerung des juristischen Studiums. Verfassung, Studium und Reform in Dokumenten der Mainzer Fakultät. Berlin 1983.
20. Rössler, E. F. (Hrsg.), Die Gründung der Universität Göttingen. Göttingen 1855, Neudruck Aalen 1987.
21. Schnabel, F. (Hrsg.), Andreas Lameys Selbstbiographie nebst ungedruckten Briefen, in: Mannheimer Geschichtsblätter 14 (1913) 103–112, 122–133, 157–162, 181–189.
22. Schwartz, P., Die Gelehrtenschulen Preußens unter dem Oberschulkollegium (1787–1806) und das Abiturientenexamen, 3 Bde. Berlin 1910–1912.
23. Spindler, M. (Hrsg.), Electoralis Academiae Scientiarum Boicae Primordia. Briefe aus der Gründungszeit der Bayerischen Akademie der Wissenschaften. München 1959.
24. Vormbaum, R. (Hrsg.), Evangelische Schulordnungen, Bd. 1 (16. Jahrhundert). Gütersloh 1860; Bd. 2 (17. Jahrhundert). Gütersloh 1863; Bd. 3 (18. Jahrhundert). Gütersloh 1864.

25. Voss, J., Geschichtswissenschaft und katholische Aufklärung im Elsaß. Unveröffentlichte Korrespondenz Philippe André Grandidiers (1752–1787), Teil 1, in: ZGO 122 (1974) 135–273; Teil 2, in: ZGO 124 (1976) 253–334.
26. Will, G. A., Geschichte und Beschreibung der Nürnbergischen Universität Altdorf. Altdorf 1801, Neudruck Aalen 1975.
27. Winter, E. (Hrsg.), Die Registres der Berliner Akademie der Wissenschaften 1746–1766. Dokumente für das Wirken Leonhard Eulers in Berlin. Berlin 1957.
28. Winter, E. (Hrsg.), August Ludwig von Schlözer und Rußland. Berlin 1961.

B. Literatur

1. Handbücher, Bibliographien

29. Boehm, L./Müller, R. A. (Hrsg.), Universitäten und Hochschulen in Deutschland, Österreich und der Schweiz. Düsseldorf 1983.
30. Bursian, C., Geschichte der classischen Philologie in Deutschland. München/Leipzig 1883.
31. Duhr, B., Geschichte der Jesuiten in den Ländern deutscher Zunge vom 16. bis 18. Jahrhundert, 4 Bde. München/Regensburg 1907–1928.
32. Engelbrecht, H., Geschichte des österreichischen Bildungswesens, Bde. 2–3. Wien 1983–1984.
33. Erman, W./Horn, E., Bibliographie der deutschen Universitäten, 3 Bde. Leipzig/Berlin 1904/05, Neudruck Hildesheim 1965.
34. Greschat, M. (Hrsg.), Orthodoxie und Pietismus. Gestalten der Kirchengeschichte. Stuttgart 1982.
35. Greschat, M. (Hrsg.), Die Aufklärung. Gestalten der Kirchengeschichte. Stuttgart 1983.
36. Hammermayer, L., Die Aufklärung in Wissenschaft und Gesellschaft, in: Spindler, M./Kraus, A. (Hrsg.), Handbuch der bayerischen Geschichte, Bd. 2. München [2]1988, 1135–1197.
37. Jähns, M., Geschichte der Kriegswissenschaften vornehmlich in Deutschland, 3 Bde. München/Leipzig 1891, Neudruck New York/Hildesheim 1966.
38. Liedtke, M. (Hrsg.), Handbuch der Geschichte des bayerischen Bildungswesens, Bd. 1. Bad Heilbrunn 1991.

39. MAIER, H., Die ältere deutsche Staats- und Verwaltungslehre. München ²1980.
40. PAULSEN, F., Geschichte des gelehrten Unterrichts auf den deutschen Schulen und Universitäten, 2 Bde. Berlin/Leipzig ³1919–1921, Neudruck Berlin 1965.
41. PESTER, T., Geschichte der Universitäten und Hochschulen im deutschsprachigen Raum von den Anfängen bis 1945. Auswahlbibliographie der Literatur der Jahre 1945 bis 1986. Jena 1990.
42. REBLE, A., Geschichte der Pädagogik. Stuttgart ¹⁵1989.
43. SCHMALE, W./DODDE, N. L. (Hrsg.), Revolution des Wissens? Europa und seine Schulen im Zeitalter der Aufklärung (1750–1825). Bochum 1991.
44. SCHMID, K. A., Geschichte der Erziehung vom Anfang an bis auf unsere Zeit, fortgeführt von Georg Schmid, Bde. 4/1–2 und 5/1–3. Stuttgart 1896–1902, Neudruck Aalen 1970.
45. STEINHAGEN, H./WIESE, B. VON (Hrsg.), Deutsche Dichter des 17. Jahrhunderts. Berlin 1984.
46. STINTZING, R./LANDSBERG, E., Geschichte der deutschen Rechtswissenschaft, 3 Abteilungen. München/Berlin 1880–1910, Neudruck Aalen 1957.
47. STOLLEIS, M. (Hrsg.), Staatsdenker im 17. und 18. Jahrhundert. Reichspublizistik, Politik, Naturrecht. Frankfurt a. M. ²1987.
48. STOLLEIS, M., Geschichte des öffentlichen Rechts in Deutschland, Bd. 1. München 1988.
49. STUKE, H., Aufklärung, in: Brunner, O./Conze, W./Koselleck, R. (Hrsg.), Geschichtliche Grundbegriffe, Bd. 1. Stuttgart 1972, 243–342.
50. WEGELE, F. X. VON, Geschichte der deutschen Historiographie seit dem Auftreten des Humanismus. München/Leipzig 1885, Neudruck New York/London 1965.
51. WEHLER, H.-U. (Hrsg.), Deutsche Historiker, 9 Bde. Göttingen 1971–1982.
52. WERNER, K., Geschichte der katholischen Theologie seit dem Trienter Concil bis zur Gegenwart. München 1866, Neudruck New York/Hildesheim 1966.
53. WIESE, B. VON (Hrsg.), Deutsche Dichter des 18. Jahrhunderts. Berlin 1977.

2. Allgemeine Geistes- und Wissenschaftsgeschichte

54. Aner, K., Die Theologie der Lessingzeit. Halle 1929, Neudruck Hildesheim 1964.
55. Barner, W., Barockrhetorik. Untersuchungen zu ihren geschichtlichen Grundlagen. Tübingen 1970.
56. Barner, W. (Hrsg.), Tradition, Norm, Innovation. Soziales und literarisches Traditionsverhalten in der Frühzeit der deutschen Aufklärung. München 1989.
57. Barth, I.-M., Literarisches Weimar. Stuttgart 1971.
58. Becher, U. A. J., Politische Gesellschaft. Studien zur Genese bürgerlicher Öffentlichkeit in Deutschland. Göttingen 1978.
59. Blanke, H. W., Historiographiegeschichte als Historik. Stuttgart/Bad Cannstatt 1991.
60. Bödeker, H. E./Iggers, G. G./Knudsen, J. B./Reill, P. H. (Hrsg.), Aufklärung und Geschichte. Studien zur deutschen Geschichtswissenschaft im 18. Jahrhundert. Göttingen 1986.
61. Braubach, M., Diplomatie und geistiges Leben im 17. und 18. Jahrhundert. Bonn 1969.
62. Cassirer, E., Die Philosophie der Aufklärung. Tübingen 1932.
63. Coreth, A., Österreichische Geschichtsschreibung in der Barockzeit (1620–1740). Wien 1950.
64. Dickerhof, H., Bayerische Geschichtswissenschaft im 18. Jahrhundert, in: ZBLG 54 (1991) 77–106.
65. Diepgen, P., Geschichte der Medizin, Bde. 1 und 2/1. Berlin 1949–1951.
66. Flitner, W., Wissenschaft und Schulwesen in Thüringen von 1550 bis 1933, in: Patze, H./Schlesinger, W. (Hrsg.), Geschichte Thüringens, Bd. 4. Köln/Wien 1972, 53–206.
67. Garber, K./Kürschner, W. (Hrsg.), Zwischen Renaissance und Aufklärung. Amsterdam 1988.
68. Geiger, L., Berlin 1688–1840. Geschichte des geistigen Lebens der preußischen Hauptstadt, 2 Bde. Berlin 1893–1895.
69. Hall, A. R., Die Geburt der naturwissenschaftlichen Methode 1630–1720. Von Galilei bis Newton. Gütersloh 1965.
70. Hammer, K./Voss, J. (Hrsg.), Historische Forschung im 18. Jahrhundert. Bonn 1976.
71. Hammermeyer, L., Die Aufklärung in Salzburg (ca. 1715–1803), in: Dopsch, H./Spatzenegger, H. (Hrsg.), Geschichte Salzburgs, Bd. 2/1. Salzburg 1988, 375–452.

72. HEGEL, E., Das Erzbistum Köln zwischen Barock und Aufklärung 1688–1814. Köln 1979.
73. HERSCHE, P., Der Spätjansenismus in Österreich. Wien 1977.
74. HINRICHS, C., Preußen als historisches Problem. Gesammelte Abhandlungen. Berlin 1964.
75. HIRSCH, E., Dessau-Wörlitz. ‚Zierde und Inbegriff des 18. Jahrhunderts'. München/Leipzig 1985.
76. HUBENSTEINER, B., Vom Geist des Barock. Kultur und Frömmigkeit im alten Bayern. München [2]1978.
77. KANN, R. A., Kanzel und Katheder. Studien zur österreichischen Geistesgeschichte vom Spätbarock zur Frühromantik. Wien 1962.
78. KLIPPEL, D., Politische Freiheit und Freiheitsrechte im deutschen Naturrecht des 18. Jahrhunderts. Paderborn 1976.
79. KLUETING, H., Die Lehre von der Macht der Staaten. Berlin 1986.
80. KOVACS, E. (Hrsg.), Katholische Aufklärung und Josephinismus. München/Wien 1979.
81. KRAUS, A., Bayerische Geschichtswissenschaft in drei Jahrhunderten. München 1979.
82. KÜHLMANN, W., Gelehrtenrepublik und Fürstenstaat. Entwicklung und Kritik des deutschen Späthumanismus in der Literatur des Barockzeitalters. Tübingen 1982.
83. LENGENFELDER, B., Die Diözese Eichstätt zwischen Aufklärung und Restauration. Regensburg 1990.
84. MARTENS, W., Die Botschaft der Tugend. Die Aufklärung im Spiegel der deutschen Moralischen Wochenschriften. Stuttgart [2]1971.
85. MARTENS, W., Literatur und Frömmigkeit in der Zeit der frühen Aufklärung. Tübingen 1989.
86. MEINECKE, F., Die Entstehung des Historismus, hrsg. v. Hinrichs, C. München 1965.
87. MEINHOLD, P., Geschichte der kirchlichen Historiographie, 2 Bde. Freiburg i. Br./München 1967.
88. MEYER-STEINEG, T./SUDHOFF, K., Illustrierte Geschichte der Medizin. Stuttgart [5]1965.
89. MÖLLER, H., Die Interpretation der Aufklärung in der marxistisch-leninistischen Geschichtswissenschaft, in: ZHF 4 (1977) 438–470.
90. MÖLLER, H., Vernunft und Kritik. Deutsche Aufklärung im 17. und 18. Jahrhundert. Frankfurt a. M. [3]1993.

91. MÖLLER, H., Fürstenstaat oder Bürgernation. Deutschland 1763–1815. Berlin 1989.
92. MORAW, P., Kaiser und Geschichtschreiber um 1700, in: Die Welt als Geschichte 22 (1962) 162–203; 23 (1963) 93–136.
93. MUHLACK, U., Geschichtswissenschaft im Humanismus und in der Aufklärung. Die Vorgeschichte des Historismus. München 1991.
94. NEUMEISTER, S./WIEDEMANN, C. (Hrsg.), Res publica litteraria. Die Institutionen der Gelehrsamkeit in der frühen Neuzeit, 2 Teile. Wiesbaden 1987.
95. PANDEL, H.-J., Historik und Didaktik. Das Problem der Distribution historiographisch erzeugten Wissens (1765–1830). Stuttgart/Bad Cannstatt 1990.
96. RAAB, H., Die concordata nationis Germanicae in der kanonistischen Literatur des 17. bis 19. Jahrhunderts. Wiesbaden 1956.
97. RAABE, P. (Hrsg.), Öffentliche und private Bibliotheken im 17. und 18. Jahrhundert. Bremen/Wolfenbüttel 1977.
98. REILL, P. H., The German Enlightenment and the Rise of Historicism. Berkeley/Los Angeles/London 1975.
99. RISSE, W., Die Logik der Neuzeit, Bd. 2. Stuttgart/Bad Cannstatt 1970.
100. SCHÄFER, PH., Kirche und Vernunft. Die Kirche in der katholischen Theologie der Aufklärungszeit. München 1974.
101. SCHINDLING, A., ‚Friderizianische Bischöfe‘ in Franken? Aufklärung und Reform im geistlichen Franken, in: Duchhardt, H. (Hrsg.), Friedrich der Große, Franken und das Reich. Köln/Wien 1986, 157–171.
102. SCHINDLING, A., Theresianismus, Josephinismus, katholische Aufklärung, in: Würzburger Diözesangeschichtsblätter 50 (1988) 215–224.
103. SCHOLDER, K., Ursprünge und Probleme der Bibelkritik im 17. Jahrhundert. München 1966.
104. SEIFERT, A., Der Rückzug der biblischen Prophetie von der neueren Geschichte. Studien zur Geschichte der Reichstheologie des frühneuzeitlichen deutschen Protestantismus. Köln/Wien 1990.
105. SPINDLER, M., Der Ruf des barocken Bayern, in: Ders., Erbe und Verpflichtung. München 1966, 55–77.
106. SUDHOF, S., Von der Aufklärung zur Romantik. Die Geschichte des ‚Kreises von Münster‘. Berlin 1973.

107. THORNDIKE, L. A., History of Magic and Experimental Science, Bde. 7 und 8. New York/London 1958.

108. TOELLNER, R. (Hrsg.), Aufklärung und Humanismus. Heidelberg 1980.

109. TÜMMLER, H., Das klassische Weimar und das große Zeitgeschehen. Historische Studien. Köln/Wien 1975.

110. VALJAVEC, F., Der Josephinismus. Zur geistigen Entwicklung Österreichs im 18. und 19. Jahrhundert. München/Wien ^{2}1945.

111. VALJAVEC, F., Geschichte der abendländischen Aufklärung. Wien/München 1961.

112. VRIES, J. DE, Zur Geschichte und Problematik der Barockscholastik in Deutschland, in: Theologie und Philosophie 57 (1982) 1–20.

113. VIERHAUS, R. (Hrsg.), Wissenschaften im Zeitalter der Aufklärung. Göttingen 1985.

114. WERNER, K., Franz Suarez und die Scholastik der letzten Jahrhunderte, 2 Bde. Regensburg ^{2}1889.

115. WINTER, E., Der Josefinismus. Die Geschichte des österreichischen Reformkatholizismus 1740–1848. Berlin ^{2}1962.

3. Persönlichkeiten des geistigen Lebens

116. BARY, A. DE, Johann Christian Senckenberg (1707–1772). Frankfurt a. M. 1947.

117. BAUMGART, P., Zinzendorf als Wegbereiter historischen Denkens. Lübeck/Hamburg 1960.

118. BONJOUR, E., Studien zu Johannes von Müller. Basel/Stuttgart 1957.

119. DENZER, H., Moralphilosophie und Naturrecht bei Samuel Pufendorf. München 1971.

120. DILTHEY, W., Leibniz und sein Zeitalter, in: Ders., Gesammelte Schriften, Bd. 3. Stuttgart ^{5}1976, 1–80.

121. DILTHEY, W., Friedrich der Große und die deutsche Aufklärung, in: Ders., Gesammelte Schriften, Bd. 3. Stuttgart ^{5}1976, 81–205.

122. EBEL, W., Der Göttinger Professor Johann Stephan Pütter aus Iserlohn. Göttingen 1975.

123. FINSTER, R./VAN DEN HEUVEL, G., Gottfried Wilhelm Leibniz. Reinbek 1990.

124. FREYH, A., Karl Theodor von Dalberg. Frankfurt a. M. 1978.

125. GAEHTGENS, T. W. (Hrsg.), Johann Joachim Winckelmann 1717–1768. Hamburg 1986.
126. GÖRES, J. (Hrsg.), Goethe in Italien, AusstK. Mainz 1986.
127. GROLLE, J., Landesgeschichte in der Zeit der deutschen Spätaufklärung. Ludwig Timotheus Spittler (1752–1810). Göttingen 1963.
128. HAMMERSTEIN, N., Leibniz und das Heilige Römische Reich deutscher Nation, in: NassAnn 85 (1974) 87–102.
129. HAMMERSTEIN, N., Thomasius und die Rechtsgelehrsamkeit, in: Studia Leibnitiana 11/1 (1979) 22–44.
130. HÖFFE, O., Immanuel Kant. München ^{2}1988.
131. JUSTI, C., Winckelmann und seine Zeitgenossen, 3 Bde. Leipzig ^{2}1898.
132. KRAUS, A., Im Vorhof der Toleranz. Kirchenrecht, Reichsrecht und Naturrecht im Einflußbereich des Würzburger Kanonisten Johann Caspar Barthel, in: HJb 103 (1983) 56–75.
133. KUNISCH, J. (Hrsg.), Analecta Fridericiana. Berlin 1987.
134. LOOSE, H.-D. (Hrsg.), Barthold Heinrich Brockes (1680–1747). Dichter und Ratsherr in Hamburg. Hamburg 1980.
135. MAGER, I., Georg Calixts theologische Ethik und ihre Nachwirkungen. Göttingen 1969.
136. MENZEL, B. F., Abt Franz Stephan Rautenstrauch von Brevnov-Braunau. Königstein/Ts. 1969.
137. MODÉER, K. A. (Hrsg.), Samuel von Pufendorf 1632–1982. Lund 1986.
138. MÖLLER, H., Aufklärung in Preußen. Der Verleger, Publizist und Geschichtsschreiber Friedrich Nicolai. Berlin 1974.
139. MÖLLER, H., August Friedrich Wilhelm Sack, in: Heinrich, G. (Hrsg.), Berlinische Lebensbilder, Bd. 5. Berlin 1990, 129–146.
140. MÜLLER, WO., Martin Gerbert. Abt, Landesherr, Wissenschaftler, in: Heidegger, H./Ott, H. (Hrsg.), St. Blasien. München/Zürich 1983, 127–133.
141. MÜLLER, WO., Wessenberg und Vorderösterreich, in: Maier, H./Press, V. (Hrsg.), Vorderösterreich in der frühen Neuzeit. Sigmaringen 1989, 199–207.
142. PAPE, M., Johannes von Müller 1793–1806. Bern/Stuttgart 1989.
143. REICHERT, F. R. (Hrsg.), Gottfried Bessel (1672–1749). Diplomat in Kurmainz, Abt von Göttweig, Wissenschaftler und Kunstmäzen. Mainz 1972.

144. SAUDER, G. (Hrsg.), Johann Gottfried Herder (1744–1803). Hamburg 1987.
145. SCHILSON, A., Lessings Christentum. Göttingen 1980.
146. SCHINDLING, A., Friedrichs des Großen Toleranz und seine katholischen Untertanen, in: Baumgart, P. (Hrsg.), Kontinuität und Wandel. Schlesien zwischen Österreich und Preußen. Sigmaringen 1990, 257–272.
147. SCHNEIDERS, W. (Hrsg.), Christian Wolff 1679–1754. Hamburg [2]1986.
148. SCHNEIDERS, W. (Hrsg.), Christian Thomasius 1655–1728. Hamburg 1989.
149. SCHWAIGER, G., Johann Michael Sailer. München 1982.
150. SEIFERT, E., Paul Joseph Riegger (1705–1775). Berlin 1973.
151. SELLERT, W., Johann Jacob Schmauß, ein Göttinger Jurist, in: Juristische Schulung 11 (1985) 843–847.
152. STÖLZEL, A., Carl Gottlieb Svarez. Berlin 1885.
153. STOLLEIS, M., Die Moral in der Politik bei Christian Garve. München 1967.
154. STOLLEIS, M. (Hrsg.), Hermann Conring (1606–1681). Berlin 1983.
155. TOELLNER, R., Albrecht von Haller. Über die Einheit im Denken des letzten Universalgelehrten. Wiesbaden 1971.
156. TÜMMLER, H., Goethe in Staat und Politik. Gesammelte Aufsätze. Köln/Graz 1964.
157. VOLK, O. (Hrsg.), Professor Franz Oberthür. Neustadt/Aisch 1966.
158. VOSS, J., Universität, Geschichtswissenschaft und Diplomatie im Zeitalter der Aufklärung. Johann Daniel Schöpflin (1694–1771). München 1979.
159. VOSS, J., Christophe Guillaume Koch (1737–1813), in: History of European Ideas 13 (1991) 531–543.
160. WAGNER, F., Isaac Newton im Zwielicht zwischen Mythos und Forschung. Freiburg i. Br. 1976.
161. WALLMANN, J., Der Theologiebegriff bei Johann Gerhard und Georg Calixt. Tübingen 1961.
162. WALLMANN, J., Philipp Jakob Spener und die Anfänge des Pietismus. Tübingen [2]1986.
163. WOESLER, W. (Hrsg.), Möser-Forum 1/1989. Münster 1989.

4. Universitäten

164. BAUMGART, P./HAMMERSTEIN, N. (Hrsg.), Beiträge zu Problemen deutscher Universitätsgründungen der frühen Neuzeit. Nendeln/Liechtenstein 1978.

165. BOEHM, L./SPÖRL, J. (Hrsg.), Die Ludwig-Maximilians-Universität in ihren Fakultäten, 2 Bde. Berlin 1972–1980.

166. BOEHM, L./RAIMONDI, E. (Hrsg.), Università, Accademie e Società Scientifiche in Italia e in Germania dal Cinquecento al Settecento. Bologna 1981.

167. BOOCKMANN, H./WELLENREUTHER, H. (Hrsg.), Geschichtswissenschaft in Göttingen. Göttingen 1987.

168. BRAUBACH, M., Die erste Bonner Hochschule. Bonn 1966.

169. DECKER-HAUFF, H./SETZLER, W., Die Universität Tübingen von 1477 bis 1977. Tübingen 1977.

170. DICKERHOF, H., Land, Reich, Kirche im historischen Lehrbetrieb an der Universität Ingolstadt (Ignaz Schwarz 1690–1763). Berlin 1971.

171. DICKERHOF, H., Bildung und Ausbildung im Programm der bayerischen Universitäten im 19. Jahrhundert, in: HJb 95 (1975) 142–169.

172. EULENBURG, F., Die Frequenz der deutschen Universitäten von ihrer Gründung bis zur Gegenwart. Leipzig 1904.

173. EULNER, H.-H., Die Entwicklung der medizinischen Spezialfächer an den Universitäten. Stuttgart 1970.

174. FRIJHOFF, W. T. M., Surplus ou déficit? Hypothèses sur le nombre réel des étudiants en Allemagne à l'époque moderne (1576–1815), in: Francia 7 (1979) 173–218.

175. FRIJHOFF, W. T. M., La société néerlandaise et ses gradués 1575–1814. Amsterdam/Maarssen 1981.

176. FESTSCHRIFT ZUR 500-JAHRFEIER DER UNIVERSITÄT GREIFSWALD, 2 Bde. Greifswald 1956.

177. GUNDELACH, E., Die Verfassung der Göttinger Universität in drei Jahrhunderten. Göttingen 1955.

178. HAASS, R., Die geistige Haltung der katholischen Universitäten Deutschlands im 18. Jahrhundert. Freiburg i. Br. 1952.

179. 450 JAHRE MARTIN-LUTHER-UNIVERSITÄT HALLE-WITTENBERG, hrsg. v. Stern, L. u. a., 3 Bde. Halle 1952.

180. HAMMERMAYER, L., Salzburg und Bayern im 18. Jahrhundert. Prolegomena zu einer Geschichte ihrer Wissenschafts- und

Geistesbeziehungen, in: Mitteilungen der Gesellschaft für Salzburger Landeskunde 120–121 (1980/81) 129–218.

181. HAMMERSTEIN, N., Jus und Historie. Ein Beitrag zur Geschichte des historischen Denkens an deutschen Universitäten im späten 17. und frühen 18. Jahrhundert. Göttingen 1972.

182. HAMMERSTEIN, N., Aufklärung und katholisches Reich. Untersuchungen zur Universitätsreform und Politik katholischer Territorien des Heiligen Römischen Reichs deutscher Nation im 18. Jahrhundert. Berlin 1977.

183. HAMMERSTEIN, N., Universitäten des Heiligen Römischen Reiches deutscher Nation als Ort der Philosophie des Barock, in: Studia Leibnitiana 13/2 (1981) 242–266.

184. HAMMERSTEIN, N., Die deutschen Universitäten im Zeitalter der Aufklärung, in: ZHF 10 (1983) 73–89.

185. HAMMERSTEIN, N., Zur Geschichte und Bedeutung der Universitäten im Heiligen Römischen Reich Deutscher Nation, in: HZ 241 (1985) 287–328.

186. HAMMERSTEIN, N., Besonderheiten der österreichischen Universitäts- und Wissenschaftsreform zur Zeit Maria Theresias und Josephs II., in: Österreich im Europa der Aufklärung, Bd. 2. Wien 1985, 787–812.

187. HAMMERSTEIN, N., The Modern World, Sciences, Medicine and Universities, in: HistUniv 8 (1989) 151–178.

188. HANSCHMIDT, A., Die erste münstersche Universität 1773/80–1818, in: Dollinger, H. (Hrsg.), Die Universität Münster 1780–1980. Münster 1980, 3–28.

189. HINSKE, N. (Hrsg.), Halle. Aufklärung und Pietismus. Heidelberg 1989.

190. GESCHICHTE DER UNIVERSITÄT JENA 1548/58–1958, hrsg. v. Steinmetz, M., 2 Bde. Jena 1958.

191. JULIA, D./REVEL, J./CHARTIER, R. (Hrsg.), Les universités européennes du XVIe au XVIIIe siècle. Histoire sociale des populations étudiantes, 2 Bde. Paris 1986–1989.

192. KINK, R., Geschichte der kaiserlichen Universität zu Wien, 2 Bde. Wien 1854, Neudruck Frankfurt a. M. 1969.

193. KLINGENSTEIN, G., Vorstufen der theresianischen Studienreformen in der Regierungszeit Karls VI., in: MIÖG 76 (1968) 327–377.

194. KLINGENSTEIN, G., Staatsverwaltung und kirchliche Autorität. Das Problem der Zensur in der theresianischen Reform. Wien 1970.

195. KLINGENSTEIN, G., Despotismus und Wissenschaft. Zur Kritik norddeutscher Aufklärer an der österreichischen Universität 1750–1790, in: Engel-Janosi, F./Dies./Lutz, H. (Hrsg.), Formen der europäischen Aufklärung. Wien/München 1976, 126–157.

196. KLINGENSTEIN, G., Akademikerüberschuß als soziales Problem im aufgeklärten Absolutismus. Bemerkungen über eine Rede Joseph von Sonnenfels' aus dem Jahre 1771, in: Dies./Lutz, H./Stourzh, G. (Hrsg.), Bildung, Politik und Gesellschaft. Wien/München 1978, 165–204.

197. KÖHLER, J., Die Universität zwischen Landesherr und Bischof. Recht, Anspruch und Praxis an der vorderösterreichischen Landesuniversität Freiburg (1550–1752). Wiesbaden 1980.

198. KOLB, A., Präsidium und Professorenkollegium der Benediktineruniversität Salzburg 1617–1743, in: Mitteilungen der Gesellschaft für Salzburger Landeskunde 102 (1962) 117–166; [Fortsetzung für die Jahre 1743 bis 1810, unter gleichem Titel], in: StMittOSB 83 (1972) 663–716.

199. KURRUS, T., Die Jesuiten an der Universität Freiburg im Breisgau 1620–1773, 2 Bde. Freiburg i. Br. 1963–1977.

200. KARL-MARX-UNIVERSITÄT LEIPZIG 1409–1959, 2 Bde. Leipzig 1959.

201. LEDER, K., Universität Altdorf. Zur Theologie der Aufklärung in Franken 1750–1809. Nürnberg 1965.

202. LESCH, K. J., Neuorientierung der Theologie im 18. Jahrhundert in Würzburg und Bamberg. Würzburg 1978.

203. LESKY, E., Österreichs Gesundheitswesen im Zeitalter des aufgeklärten Absolutismus. Wien 1959.

204. LESKY, E., Das Wiener Allgemeine Krankenhaus. Seine Gründung und Wirkung auf deutsche Spitäler, in: Clio Medica 2 (1967) 23–37.

205. LESKY, E./WANDRUSZKA, A. (Hrsg.), Gerard van Swieten und seine Zeit. Wien/Köln/Graz 1973.

206. LOOS, F. (Hrsg.), Rechtswissenschaft in Göttingen. Göttingen 1987.

207. MARTENS, W. (Hrsg.), Leipzig. Aufklärung und Bürgerlichkeit. Heidelberg 1990.

208. MATHY, H., Die Universität Mainz 1477–1977. Mainz 1977.

209. MEUTHEN, E., Kölner Universitätsgeschichte, Bd. 1. Köln 1988.

210. MOELLER, B. (Hrsg.), Theologie in Göttingen. Göttingen 1987.

211. MORAW, P./PRESS, V. (Hrsg.), Academia Gissensis. Beiträge zur älteren Gießener Universitätsgeschichte. Marburg 1982.
212. MORAW, P., Kleine Geschichte der Universität Gießen 1607–1982. Gießen ²1989.
213. MRAZ, G., Geschichte der Theologischen Fakultät der Universität Innsbruck bis 1740. Innsbruck 1968.
214. MÜHL, W. A., Die Aufklärung an der Universität Fulda (1734–1805). Fulda 1961.
215. MÜHLPFORDT, G., Die Oder-Universität 1506–1811, in: Die Oder-Universität Frankfurt, hrsg. v. Haase, G./Winkler, J. Weimar 1983, 19–72.
216. MÜLLER, R. A., Sozialstatus und Studienchance in Bayern im Zeitalter des Absolutismus, in: HJb 95 (1975) 120–141.
217. MÜLLER, R. A., Akademische Ausbildung zwischen Staat und Kirche. Das bayerische Lyzealwesen 1773–1849, 2 Teile. Paderborn 1986.
218. MÜLLER, R. A., Geschichte der Universität. Von der mittelalterlichen Universitas zur deutschen Hochschule. München 1990.
219. MÜLLER, WI., Universität und Orden. Die bayerische Landesuniversität Ingolstadt zwischen der Aufhebung des Jesuitenordens und der Säkularisation (1773–1803). Berlin 1986.
220. NEUMAIER, K., Ius publicum. Studien zur barocken Rechtsgelehrsamkeit an der Universität Ingolstadt. Berlin 1974.
221. PICK, E., Mainzer Reichsstaatsrecht. Ein Beitrag zum Ius Publicum an der Universität Mainz im 18. Jahrhundert. Wiesbaden 1977.
222. POSCH, A., Die kirchliche Aufklärung in Graz und an der Grazer Hochschule. Graz 1937.
223. PROBST, CH., Der Weg des ärztlichen Erkennens am Krankenbett. Hermann Boerhaave und die ältere Wiener medizinische Schule, Bd. 1. Wiesbaden 1972.
224. RECKTENWALD, H. C. (Hrsg.), Gelehrte der Universität Altdorf. Nürnberg 1966.
225. RICHARZ, M., Der Eintritt der Juden in die akademischen Berufe 1678–1848. Tübingen 1974.
226. RODEN, G. VON, Die Universität Duisburg. Duisburg 1968.
227. GESCHICHTE DER UNIVERSITÄT ROSTOCK 1419–1969. Festschrift zur 550-Jahr-Feier. Berlin 1969.
228. SCHERER, E. C., Geschichte und Kirchengeschichte an den

deutschen Universitäten. Freiburg i. Br. 1927, Neudruck Hildesheim/New York 1975.

229. SCHERG, TH. J., Dalbergs Hochschulstadt Aschaffenburg, 3 Bde. Aschaffenburg 1951–1954.

230. SCHINDLING, A., Die Julius-Universität im Zeitalter der Aufklärung, in: Baumgart, P. (Hrsg.), Vierhundert Jahre Universität Würzburg. Neustadt/Aisch 1982, 77–127.

231. SCHINDLING, A., Die katholische Bildungsreform zwischen Humanismus und Barock. Dillingen, Dole, Freiburg, Molsheim und Salzburg, in: Maier, H./Press, V. (Hrsg.), Vorderösterreich in der frühen Neuzeit. Sigmaringen 1989, 137–176.

232. SCHMIDT, S. (Hrsg.), Alma mater Jenensis. Geschichte der Universität Jena. Weimar 1983.

233. SCHORMANN, G., Academia Ernestina. Die Universität zu Rinteln (1610/21–1810). Marburg 1982.

234. SCHRADER, W., Geschichte der Friedrichs-Universität zu Halle, 2 Teile. Berlin 1894.

235. SELLE, G. VON, Die Georg-August-Universität zu Göttingen 1737–1937. Göttingen 1937.

236. VALENTIN, J. M., Le Théâtre des Jesuites dans les pays de langue allemande (1554–1680), 3 Bde. Bern/Frankfurt a.M./ Las Vegas 1978.

237. WANDEL, U. J., Verdacht von Democratismus? Studien zur Geschichte von Stadt und Universität Tübingen im Zeitalter der Französischen Revolution. Tübingen 1981.

238. WENDEHORST, A./MERZBACHER, F., Das Juliusspital in Würzburg, 2 Bde. Würzburg 1976–1979.

239. WUNDT, M., Die deutsche Schulmetaphysik des 17. Jahrhunderts. Tübingen 1939.

240. WUNDT, M., Die deutsche Schulphilosophie im Zeitalter der Aufklärung. Tübingen 1945, Neudruck Hildesheim 1964.

241. ZEEDEN, E. W., Die Freiburger Philosophische Fakultät im Umbruch des 18. Jahrhunderts, in: Bauer, C./Ders./Zmarzlik, H.-G., Beiträge zur Geschichte der Freiburger Philosophischen Fakultät. Freiburg i. Br. 1957, 9–139.

5. Akademien, Gelehrte Gesellschaften, Klöster, städtische Bildung

242. BIRCHER, M./INGEN, F. VAN (Hrsg.), Sprachgesellschaften – Sozietäten – Dichtergruppen. Hamburg 1978.

243. DANN, O. (Hrsg.), Lesegesellschaften und bürgerliche Emanzipation. München 1981.

244. DICKERHOF, H., Gelehrte Gesellschaften, Akademien, Ordensstudien und Universitäten. Zur sogenannten ‚Akademiebewegung' vornehmlich im bayerischen Raum, in: ZBLG 45 (1982) 37–66.

245. DÜLMEN, R. VAN, Propst Franziskus Töpsl (1711–1796) und das Augustiner-Chorherrenstift Polling. Kallmünz 1967.

246. DÜLMEN, R. VAN, Die Gesellschaft der Aufklärer. Frankfurt a.M. 1986.

247. FUCHS, P., Palatinatus Illustratus. Die historische Forschung an der kurpfälzischen Akademie der Wissenschaften. Mannheim 1963.

248. GALL, L., Bürgertum in Deutschland. Berlin 1989.

249. GARBER, K., Stadt-Kultur und Barock-Begriff. Zur Kritik eines Epochenbegriffs am Paradigma der bürgerlich-gelehrten humanistischen Literatur des 17. Jahrhunderts, in: Krüger, K. (Hrsg.), Europäische Städte im Zeitalter des Barock. Köln/Wien 1988, 93–119.

250. GARBER, K., Sozietäten, Akademien, Sprachgesellschaften, in: Sandkühler, H. J. (Hrsg.), Europäische Enzyklopädie zu Philosophie und Wissenschaften, Bd. 4. Hamburg 1990, 366–384.

251. GARBER, K./WISMANN, H. (Hrsg.), Europäische Sozietätsbewegung und demokratische Tradition, 3 Bde. Tübingen 1993.

252. GERTEIS, K., Bildung und Revolution. Die deutschen Lesegesellschaften am Ende des 18. Jahrhunderts, in: AKG 53 (1971) 127–139.

253. GRAU, C., Berühmte Wissenschaftsakademien. Leipzig 1988.

254. HAMANN, G., Leibnizens Plan einer Wiener Akademie der Wissenschaften, in: Studia Leibnitiana Supplementa 12 (1973) 205–227.

255. HAMMERMAYER, L., Die Benediktiner und die Akademiebewegung im katholischen Deutschland (1720–1770), in: StMittOSB 70 (1959) 45–146.

256. HAMMERMAYER, L., Academiae Scientiarum Boicae Secretarius Perpetuus: Ildephons Kennedy O.S.B. 1722–1804, in: Großbritannien und Deutschland. Festschrift Bourke. München 1974, 195–246.

257. HAMMERMAYER, L., Geschichte der Bayerischen Akademie der Wissenschaften, Bd. 1. Kallmünz 1959, Neudruck München 1983; Bd. 2. München 1983.

258. HAMMERMAYER, L., Freie Gelehrtenassoziation oder Staatsanstalt? Zur Geschichte der Bayerischen Akademie der Wissenschaften in der Zeit der Spätaufklärung und Reform (1787–1807), in: ZBLG 54 (1991) 159–202.
259. HARNACK, A. VON, Geschichte der königlich preußischen Akademie der Wissenschaften zu Berlin, 3 Bde. Berlin 1900, Neudruck Hildesheim 1970.
260. HARTMANN, F./VIERHAUS, R. (Hrsg.), Der Akademiegedanke im 17. und 18. Jahrhundert. Bremen/Wolfenbüttel 1977.
261. IM HOF, U., Das gesellige Jahrhundert. München 1982.
262. KALOUSEK, J., Geschichte der Kön. Böhmischen Gesellschaft der Wissenschaften. Prag 1885.
263. KANTHAK, G., Der Akademiegedanke zwischen utopischem Entwurf und barocker Projektmacherei. Berlin 1987.
264. KOPITZSCH, F., Grundzüge einer Sozialgeschichte der Aufklärung in Hamburg und Altona, 2 Teile. Hamburg 1982.
265. KRAUS, A., P. Roman Zirngibl von St. Emmeram in Regensburg. Ein Historiker der Alten Akademie (1740–1816), in: StMittOSB 66 (1955) 61–151; 67 (1956) 39–203.
266. KRAUS, A., Die historische Forschung an der churbayerischen Akademie der Wissenschaften 1759–1806. München 1959.
267. KRAUS, A., Vernunft und Geschichte. Die Bedeutung der deutschen Akademien für die Entwicklung der Geschichtswissenschaft im späten 18. Jahrhundert. Freiburg i. Br. 1963.
268. KRAUS, A., Bürgerlicher Geist und Wissenschaft. Wissenschaftliches Leben im Zeitalter des Barocks und der Aufklärung in Augsburg, Regensburg und Nürnberg, in: AKG 49 (1967) 340–390.
269. KRAUS, A., Die naturwissenschaftliche Forschung an der Bayerischen Akademie der Wissenschaften im Zeitalter der Aufklärung. München 1978.
270. MÜLLER, H.-H., Akademie und Wirtschaft im 18. Jahrhundert. Agrarökonomische Preisaufgaben und Preisschriften der Preußischen Akademie der Wissenschaften. Berlin 1975.
271. ORTNER, J. P., Marquard Herrgott (1694–1762). Sein Leben und Wirken als Historiker und Diplomat. Wien 1972.
272. PFEILSCHIFTER, G., Die St. Blasianische Germania Sacra. Kempten 1921.
273. SCHRAMM, P. E., Neun Generationen. Dreihundert Jahre deutscher ‚Kulturgeschichte' im Lichte der Schicksale einer Ham-

burger Bürgerfamilie (1648–1948), 2 Bde. Göttingen 1963–1964.

274. STURMBERGER, H., Studien zur Geschichte der Aufklärung des 18. Jahrhunderts in Kremsmünster, in: Ders., Land ob der Enns und Österreich. Linz 1979, 343–398.

275. VOSS, J., Die Akademien als Organisationsträger der Wissenschaften im 18. Jahrhundert, in: HZ 231 (1980) 43–74.

6. Nützliche Wissenschaften

276. BRÜCKNER, J., Staatswissenschaften, Kameralismus und Naturrecht. München 1977.

277. DAMBACHER, I., Christian Wilhelm von Dohm. Bern/Frankfurt a. M. 1974.

278. DITTRICH, E., Die deutschen und österreichischen Kameralisten. Darmstadt 1974.

279. FRITZE, R., Militärschulen als wissenschaftliche Ausbildungsstätten in Deutschland und Frankreich im 18. Jahrhundert, in: Francia 16/2 (1989) 213–232.

280. GARBER, J., Spätaufklärerischer Konstitutionalismus und ökonomischer Frühliberalismus. Das Staats- und Industriebürgerkonzept der postabsolutistischen Staats-, Kameral- und Polizeiwissenschaften (Chr. D. Voss), in: Ders., Spätabsolutismus und bürgerliche Gesellschaft. Frankfurt a. M. 1992, 77–118.

281. HENTSCHEL, V., Die Staatswissenschaften an den deutschen Universitäten im 18. und frühen 19. Jahrhundert, in: Berichte zur Wissenschaftsgeschichte 1 (1978) 181–200.

282. HERRLITZ, H.-G./KERN, H. (Hrsg.), Anfänge der Göttinger Sozialwissenschaft. Göttingen 1987.

283. HOFFMANN, J., Jakob Mauvillon. Ein Offizier und Schriftsteller. Berlin 1981.

284. HUBRIG, H., Die patriotischen Gesellschaften des 18. Jahrhunderts. Weinheim 1957.

285. INGRAO, CH. W., The Hessian mercenary state. Ideas, institutions, and reform under Frederick II, 1760–1785. Cambridge/London 1987.

286. KUHLENKAMP, A., Das Collegium Carolinum und die Technik. Braunschweig 1979.

287. MEYEN, F., Johann Friedrich Wilhelm Jerusalem, Abt von Riddagshausen (1709–1789), in: BraunJb 53 (1972) 159–182.

288. Neugebauer, W., Johann Peter Süßmilch, in: Jb. des Landesarchivs Berlin 1985, 33–68.
289. Neugebauer, W., Johann Peter Süßmilch, in: Heinrich, G. (Hrsg.), Berlinische Lebensbilder, Bd. 5. Berlin 1990, 183–200.
290. Osterloh, K.-H., Joseph von Sonnenfels. Lübeck/Hamburg 1970.
291. Poller, O., Schicksal der ersten Kaiserslauterer Hochschule und ihrer Studierenden. Ludwigshafen 1979.
292. Rassem, M./Stagl, J. (Hrsg.), Statistik und Staatsbeschreibung im 16.–18. Jahrhundert. Paderborn 1980.
293. Reinalter, H. (Hrsg.), Joseph von Sonnenfels. Wien 1988.
294. Rübberdt, R., Die ökonomischen Sozietäten. Ein Beitrag zur Wirtschaftsgeschichte des 18. Jahrhunderts. Würzburg 1934.
295. Schneider, W., Aus 200 Jahren Braunschweiger Hochschulgeschichte, in: Ders. (Hrsg.), Die Technische Hochschule Braunschweig. Berlin 1963, 7–61.
296. Sommer, L., Die österreichischen Kameralisten in dogmengeschichtlicher Darstellung, 2 Teile. Wien 1920–1925.
297. Stieda, W., Die Nationalökonomie als Universitätswissenschaft. Leipzig 1906.
298. Tautscher, A., Geschichte der deutschen Finanzwissenschaft bis zum Ausgang des 18. Jahrhunderts, in: Handbuch der Finanzwissenschaft, Bd. 1. Tübingen [2]1952, 382–415.
299. Uhland, R., Geschichte der Hohen Karlsschule in Stuttgart. Stuttgart 1953.
300. Vierhaus, R. (Hrsg.), Deutsche patriotische und gemeinnützige Gesellschaften. München 1980.
301. Waszek, N. (Hrsg.), Die Institutionalisierung der Nationalökonomie an deutschen Universitäten. St. Katharinen 1988.
302. Wilke, J., Literarische Zeitschriften des 18. Jahrhunderts (1688–1789), 2 Teile. Stuttgart 1978.
303. Zielenziger, K., Die alten deutschen Kameralisten. Jena 1914, Neudruck Frankfurt a. M. 1966.

7. Gymnasien, Volksschulen, Volksbildung, geistliche und weltliche Lehrer

304. Baumgart, P., Karl Abraham Freiherr von Zedlitz, in: Treue, W./Gründer, K. (Hrsg.), Berlinische Lebensbilder, Bd. 3. Berlin 1987, 33–46.
305. Baumgart, P., Johann Ignaz von Felbiger (1724–1788), in: Jb.

der Schlesischen Friedrich-Wilhelms-Universität zu Breslau 31 (1990) 121–140.

306. BÖNING, H./SIEGERT, R., Volksaufklärung. Biobibliographisches Handbuch zur Popularisierung aufklärerischen Denkens im deutschen Sprachraum von den Anfängen bis 1850, Bd. 1. Stuttgart 1990.

307. BRÜCK, A. PH., Das Priesterseminar der Bartholomiten in Mainz (1662–1803), in: ArchMrhKiG 15 (1963) 33–94.

308. BRÜGGEMANN, S., Landschullehrer in Ostfriesland und Harlingerland während der ersten preußischen Zeit (1744–1806). Köln/Wien 1988.

309. DEMEL, B., Das Priesterseminar des Deutschen Ordens zu Mergentheim. Bonn/Bad Godesberg 1972.

310. DONEY, J. CH., The Catholic Enlightenment and Popular Education in the Prince-Bishopric of Würzburg 1765–95, in: CEH 21 (1988) 3–30.

311. ENGELBRECHT, H., Johann Ignaz Felbiger und die Vereinheitlichung des Primarschulwesens in Österreich. Wien [2]1981.

312. ENGELSING, R., Analphabetentum und Lektüre. Zur Sozialgeschichte des Lesens in Deutschland. Stuttgart 1973.

313. ERLINGHAGEN, K., Katholische Bildung im Barock. Hannover 1972.

314. FERTIG, L., Obrigkeit und Schule. Die Schulreform unter Ernst dem Frommen (1601–1675). Neuburgweier/Karlsruhe 1971.

315. FERTIG, L., Die Hofmeister. Zur Geschichte des Lehrerstandes und der bürgerlichen Intelligenz. Stuttgart 1979.

316. FIEGERT, M., Die Schulen von Melle und Buer im Hochstift Osnabrück bis zur Säkularisierung. Osnabrück 1992.

317. FRANÇOIS, E., Die Volksbildung am Mittelrhein im ausgehenden 18. Jahrhundert. Über den vermeintlichen ‚Bildungsrückstand' der katholischen Bevölkerung, in: JbWLG 3 (1977) 277–304.

318. FRANZ, G. (Hrsg.), Beamtentum und Pfarrerstand 1400–1800. Limburg/Lahn 1972.

319. GRIMM, G., Die Schulreform Maria Theresias 1747–1775. Das österreichische Gymnasium zwischen Standesschule und allgemeinbildender Lehranstalt. Frankfurt a. M./Bern/New York/Paris 1987.

320. HANSCHMIDT, A., Franz von Fürstenberg als Staatsmann 1762–1780. Münster 1969.

321. Hanschmidt, A., Von der Normalschule in Münster (1784) zur Normalschule in Vechta (1830), in: Ders./Kuropka, J. (Hrsg.), Von der Normalschule zur Universität. Bad Heilbrunn 1980, 9–54.

322. Hanschmidt, A., Lehrerexistenz und Heils- und Gemeinwohlverantwortung. Zum Lehrerbild Bernard Overbergs, in: Eckermann, W./Lesch, K. J. (Hrsg.), Dem Evangelium verpflichtet. Kevelaer 1992, 67–84.

323. Hanschmidt, A., Bernard Overberg und die Reform des Elementarschulwesens im Fürstbistum Münster, in: Peters, M. (Hrsg.), Schulreform im Fürstbistum Münster im ausgehenden 18. Jahrhundert. Recke/Ibbenbüren 1992, 1–44.

324. Heinemann, M., Schule im Vorfeld der Verwaltung. Die Entwicklung der preußischen Unterrichtsverwaltung von 1771–1800. Göttingen 1974.

325. Heinemann, M./Rüter, W., Landschulreform als Gesellschaftsinitiative. Philipp von der Reck, Johann Friedrich Wilberg und die Tätigkeit der ‚Gesellschaft der Freunde der Lehrer und Kinder in der Grafschaft Mark‘ (1789–1815). Göttingen 1975.

326. Heiss, G., Erziehung der Waisen zur Manufakturarbeit. Pädagogische Zielvorstellungen und ökonomische Interessen der maria-theresianischen Verwaltung, in: MIÖG 85 (1977) 316–331.

327. Herrmann, U., Modell der Schulreform. Das Braunschweigische Schuldirektorium 1786–1790, in: BraunJb 52 (1971) 163–181.

328. Herrmann, U., Ernst Christian Trapp (1745–1818), ein braunschweigischer Schulreformer und politischer Publizist, in: BraunJb 53 (1972) 183–195.

329. Herrmann, U., Die Pädagogik der Philanthropen, in: Scheuerl, H. (Hrsg.), Klassiker der Pädagogik, Bd. 1. München 1979, 135–158.

330. Herrmann, U. (Hrsg.), ‚Das pädagogische Jahrhundert‘. Volksaufklärung und Erziehung zur Armut im 18. Jahrhundert in Deutschland. Weinheim/Basel 1981.

331. Herrmann, U. (Hrsg.), ‚Die Bildung des Bürgers‘. Die Formierung der bürgerlichen Gesellschaft und die Gebildeten im 18. Jahrhundert. Weinheim/Basel 1982.

332. Hinrichs, C., Preußentum und Pietismus. Göttingen 1971.

333. HINRICHS, E./NORDEN, W., Regionalgeschichte. Probleme und Beispiele. Hildesheim 1980.
334. HINRICHS, E., Wie viele Menschen konnten um 1800 lesen und schreiben?, in: Ottenjann, H./Wiegelmann, G. (Hrsg.), Alte Tagebücher und Anschreibebücher. Münster 1982, 85–103.
335. HINRICHS, E./WIEGELMANN, G. (Hrsg.), Sozialer und kultureller Wandel in der ländlichen Welt des 18. Jahrhunderts. Wolfenbüttel 1982.
336. JEISMANN, K.-E., Das preußische Gymnasium in Staat und Gesellschaft 1787–1817. Stuttgart 1974.
337. KIESEL, H./MÜNCH, P., Gesellschaft und Literatur im 18. Jahrhundert. Voraussetzungen und Entstehung des literarischen Markts in Deutschland. München 1977.
338. KOPITZSCH, F., Reformversuche und Reformen der Gymnasien und Lateinschulen in Schleswig-Holstein im Zeitalter der Aufklärung, in: Ders. (Hrsg.), Erziehungs- und Bildungsgeschichte Schleswig-Holsteins von der Aufklärung bis zum Kaiserreich. Neumünster 1981, 61–88.
339. LEDER, K., Kirche und Jugend in Nürnberg und seinem Landgebiet 1400 bis 1800. Neustadt/Aisch 1973.
340. MELTON, J. V. H., Absolutism and the eighteenth-century origins of compulsory schooling in Prussia and Austria. Cambridge/New York 1988.
341. MRAZ, G., Kirche und Verkündigung. Anmerkungen zur Pastoraltheologie im josephinischen Österreich, in: Engel-Janosi, F./Klingenstein, G./Lutz, H. (Hrsg.), Formen der europäischen Aufklärung. Wien/München 1976, 81–95.
342. NEUGEBAUER, W., Bemerkungen zum preußischen Schuledikt von 1717, in: JbGMOD 31 (1982) 155–176.
343. NEUGEBAUER, W., Absolutistischer Staat und Schulwirklichkeit in Brandenburg-Preußen. Berlin/New York 1985.
344. PRESS, V., Korbinian von Prielmair (1643–1707). Bedingungen, Möglichkeiten und Grenzen sozialen Aufstieges im barocken Bayern. Ottenhofen 1978.
345. QUARTHAL, F., Öffentliche Armut, Akademikerschwemme und Massenarbeitslosigkeit im Zeitalter des Barock, in: Press, V./Reinhard, E./Schwarzmaier, H. (Hrsg.), Barock am Oberrhein. Karlsruhe 1985, 153–188.
346. RUBLACK, H.-CH., ‚Der wohlgeplagte Priester'. Vom Selbstverständnis lutherischer Geistlichkeit im Zeitalter der Orthodoxie, in: ZHF 16 (1989) 1–30.

347. SCHENDA, R., Volk ohne Buch. Studien zur Sozialgeschichte der populären Lesestoffe 1770–1910. München [2]1977.
348. SCHERG, TH. J., Das Schulwesen unter Karl Theodor von Dalberg, 2 Bde. München/Solln 1939.
349. SCHMITT, H., Schulreform im aufgeklärten Absolutismus. Leistungen, Widersprüche und Grenzen philanthropischer Reformpraxis im Herzogtum Braunschweig-Wolfenbüttel 1785–1790. Weinheim/Basel 1979.
350. SCHORN-SCHÜTTE, L., Die Geistlichen vor der Revolution, in: Berding, H./François, E./Ullmann, H.-P. (Hrsg.), Deutschland und Frankreich im Zeitalter der Französischen Revolution. Frankfurt a. M. 1989, 216–244.
351. SCHWARTZ, P., Der erste Kulturkampf in Preußen um Kirche und Schule (1788–1798). Berlin 1925.
352. WANGERMANN, E., Aufklärung und staatsbürgerliche Erziehung. Gottfried van Swieten als Reformator des österreichischen Unterrichtswesens 1781–1791. Wien 1978.
353. WINTER, E., Ferdinand Kindermann, Ritter von Schulstein (1740–1801). Augsburg 1926.
354. ZIESSOW, K.-H., Ländliche Lesekultur im 18. und 19. Jahrhundert. Das Kirchspiel Menslage und seine Lesegesellschaften 1790–1840, 2 Teile. Cloppenburg 1988.

8. Europäische Bildungsbeziehungen

355. ADAM, W., Poetische und Kritische Wälder. Untersuchungen zu Geschichte und Formen des Schreibens ‚bei Gelegenheit'. Heidelberg 1988.
356. AMBURGER, E./CIESLA, M./SZIKLAY, L. (Hrsg.), Wissenschaftspolitik in Mittel- und Osteuropa. Wissenschaftliche Gesellschaften, Akademien und Hochschulen im 18. und beginnenden 19. Jahrhundert. Berlin 1976.
357. BROCKMEIER, P./DESNE, R./VOSS, J. (Hrsg.), Voltaire und Deutschland. Stuttgart 1979.
358. BRUNNER, O., Adeliges Landleben und europäischer Geist. Leben und Werk Wolf Helmhards von Hohberg 1612–1688. Salzburg 1949.
359. CONRADS, N., Ritterakademien der Frühen Neuzeit. Bildung als Standesprivileg im 16. und 17. Jahrhundert. Göttingen 1982.
360. CSAKY-LOEBENSTEIN, E.-M., Studien zur Kavalierstour österrei-

chischer Adeliger im 17. Jahrhundert, in: MIÖG 79 (1971) 408–434.

361. GARBER, K., Der Locus amoenus und der locus terribilis. Bild und Funktion der Natur in der deutschen Schäfer- und Landlebendichtung des 17. Jahrhunderts. Köln/Wien 1974.

362. GARBER, K. (Hrsg.), Europäische Barock-Rezeption, 2 Bde. Wiesbaden 1991.

363. IM HOF, U., Isaak Iselin und die Spätaufklärung. Bern/München 1967.

364. KLINGENSTEIN, G., Der Aufstieg des Hauses Kaunitz. Studien zur Herkunft und Bildung des Staatskanzlers Wenzel Anton. Göttingen 1975.

365. KORFF, H. A., Voltaire im literarischen Deutschland des 18. Jahrhunderts, 2 Bde. Heidelberg 1917–1918.

366. KRAUSS, W., Die französische Aufklärung im Spiegel der deutschen Literatur des 18. Jahrhunderts. Berlin 1963.

367. LESKY, E./KOSTIC, S. K./MATL, J./RAUCH, G. VON (Hrsg.), Die Aufklärung in Ost- und Südosteuropa. Köln/Wien 1972.

368. MASS, E., Voltaire zwischen Friedrich und Wilhelmine, in: Duchhardt, H. (Hrsg.), Friedrich der Große, Franken und das Reich. Köln/Wien 1986, 93–108.

369. MAURER, M., Aufklärung und Anglophilie in Deutschland. Göttingen 1987.

370. MERVAUD, CHR., Voltaire et Frédéric II. Une dramaturgie des lumières 1736–1778. Oxford 1985.

371. MÖNCH, W., Voltaire und Friedrich der Große. Stuttgart/Berlin 1943.

372. MORTIER, R., Diderot in Deutschland 1750–1850. Stuttgart 1967.

373. MUHLACK, U., Geschichte und Geschichtsschreibung bei Voltaire und Friedrich dem Großen, in: Kunisch, J. (Hrsg.), Persönlichkeiten im Umkreis Friedrichs des Großen. Köln/Wien 1988, 29–57.

374. OESTREICH, G., Politischer Neustoizismus und Niederländische Bewegung, in: Ders., Geist und Gestalt des frühmodernen Staates. Berlin 1969, 101–156.

375. PLETICHA, E., Adel und Buch. Studien zur Geisteswelt des fränkischen Adels vom 15. bis 18. Jahrhundert. Neustadt/Aisch 1983.

376. RAUCH, G. VON, Die Universität Dorpat und das Eindringen

der frühen Aufklärung in Livland 1690–1710. Essen 1943, Neudruck Hildesheim 1969.

377. SAUDER, G., Bayle-Rezeption in der deutschen Aufklärung, in: DVjs 49 (1975, Sonderheft 18. Jahrhundert) 83–104.

378. SCHMIDT, P., Das Collegium Germanicum in Rom und die Germaniker (1552–1914). Tübingen 1984.

379. SCHNEPPEN, H., Niederländische Universitäten und deutsches Geistesleben von der Gründung der Universität Leiden bis ins späte 18. Jahrhundert. Münster 1960.

380. STEINHUBER, A., Geschichte des Kollegium Germanikum Hungarikum in Rom, 2 Bde. Freiburg i. Br. ^{2}1906.

381. THADDEN, R. VON/MAGDELAINE, M. (Hrsg.), Die Hugenotten 1685–1985. München 1985.

382. TOELLNER, R./LIEBURG, M. J. VAN (Hrsg.), Deutsch-niederländische Beziehungen in der Medizin des 18. Jahrhunderts. Amsterdam 1985.

383. VIERHAUS, R., Montesquieu in Deutschland, in: Ders., Deutschland im 18. Jahrhundert. Göttingen 1987, 9–32.

384. WAGNER, H., Der Höhepunkt des französischen Kultureinflusses in Österreich in der 2. Hälfte des 18. Jahrhunderts, in: ÖGL 5 (1961) 507–516.

385. WAGNER, H., Italienische Einflüsse im Erzstift Salzburg im 17. und 18. Jahrhundert, in: ÖGL 14 (1970) 161–174.

386. WANDRUSZKA, A., Österreich und Italien im 18. Jahrhundert. München 1963.

387. WINTER, E., Halle als Ausgangspunkt der deutschen Rußlandkunde im 18. Jahrhundert. Berlin 1953.

388. WINTER, E., Die Pflege der west- und südslavischen Sprachen in Halle im 18. Jahrhundert. Berlin 1954.

389. WINTER, E., Die tschechische und slowakische Emigration in Deutschland im 17. und 18. Jahrhundert. Berlin 1955.

390. WINTER, E. (Hrsg.), Die deutsch-russische Begegnung und Leonhard Euler. Berlin 1958.

391. WINTER, E. (Hrsg.), Lomonosov, Schlözer, Pallas. Deutsch-russische Wissenschaftsbeziehungen im 18. Jahrhundert. Berlin 1962.

392. WINTER, E., Frühaufklärung. Der Kampf gegen den Konfessionalismus in Mittel- und Osteuropa und die deutsch-slawische Begegnung. Berlin 1966.

393. WUNDERLICH, H., Studienjahre der Grafen Salm-Reifferscheidt (1780–1791). Heidelberg 1984.

394. ZLABINGER, E., Ludovico Antonio Muratori und Österreich. Innsbruck 1970.

Nach Abschluß des Manuskriptes sind erschienen:

395. NEUGEBAUER, W., Das Bildungswesen in Preußen seit der Mitte des 17. Jahrhunderts, in: Büsch, O. (Hrsg.), Handbuch der preußischen Geschichte, Bd. 2. Berlin/New York 1992, 605–798.
396. NEUGEBAUER, W. (Hrsg.), Schule und Absolutismus in Preußen. Akten zum preußischen Elementarschulwesen bis 1806. Berlin/New York 1992.
397. KÖRNER, H.-M., Johann Kaspar von Lippert (1729–1800). Eine bayerische Karriere des 18. Jahrhunderts, in: Jb. HV Furth im Wald 5 (1992) 89–105.
398. VOSS, J., Akademien und Gelehrte Gesellschaften, in: REINALTER, H. (Hrsg.), Aufklärungsgesellschaften. Frankfurt a. M. 1993, 19–38.
399. KLUETING, H. (Hrsg.), Katholische Aufklärung – Aufklärung im katholischen Deutschland. Hamburg 1993.
400. REINALTER, H. (Hrsg.), Der Josephinismus. Frankfurt a. M./Berlin/Bern/New York 1993.

Register

Das Register umfaßt Personen-, Orts- und Ländernamen sowie die Bezeichnungen für wissenschaftliche Denkschulen und geistige Strömungen. Für die Erarbeitung des Registers auf PC ist Uwe Alschner, Jens Bruning und Ingrid Schilling zu danken, für die Korrektur Matthias Asche.

Achenwall, Gottfried 28, 29, 55, 56, 58, 72
Adam, W. 97, 101
Admont (Steiermark) 4
Albrecht, M. 98
Alembert, Jean-Lerond d' 43, 66, 67, 90
Altdorf 13, 14, 15, 28, 45, 49, 50, 53
Altona 29
Amburger, E. 65, 66, 67, 68, 69, 95
Ammon, Christoph Friedrich 15
Amort, Eusebius 11
Amsterdam 90
Aner, K. 58
Anglophilie 91
Anhalt, Fürstentum 30, 31, 47
Anhalt-Dessau (vgl. Dessau) 29, 34, 78, 79, 97
Anna Amalia, Herzogin von Sachsen-Weimar 35
Ansbach (Brandenburg-Ansbach) 13
Anton Ulrich, Herzog von Braunschweig-Wolfenbüttel 26
Aristoteles 25, 38, 52, 53, 96
Aristotelismus 25, 27, 31, 32, 38, 39, 40, 48, 52, 53, 70, 90, 96
Arnold, Gottfried 22, 58
Aschaffenburg 19, 86
Askanier (anhaltische) 31
Augsburg 12, 13, 14, 68
August der Jüngere, Herzog von Braunschweig-Wolfenbüttel 25
Augustiner-Chorherren 3, 6, 11, 67, 84
Bach, Johann Sebastian 31
Baden, Markgrafschaft 20, 21
Bahrdt, Karl Friedrich 23
Baier, Johann Wilhelm 32
Balthasar, Augustin 25
Baltikum 33, 95
Bamberg 9, 11, 12, 47, 60, 85
Banská Stiavnica (Schemnitz/Slowakei) 74, 96
Banz (Oberfranken) 11, 12
Barner, W. 96, 103
Barock 4, 5, 14, 17, 31, 45, 48, 51, 52, 63, 70, 71, 79, 87, 88, 90, 96, 97, 98, 99, 100, 101, 102, 103
Barockscholastik (vgl. Scholastik) 52, 70, 90, 102
Bartenstein, Johann Christoph 7, 20
Barth, I.-M. 64, 96, 97
Barthel, Johann Kaspar 10, 18, 58
Bartholomäer 10, 17
Bary, A. de 68, 77
Basedow, Johann Bernhard 29, 34, 35, 59, 79
Baumgart, P. 50, 55, 58, 67, 69, 81, 98, 101
Baumgarten, Alexander Gottlieb 41, 70
Baumgarten, Sigmund Jakob 41
Bayern (vgl. Kurbayern) 9, 10, 11, 12, 17, 50, 52, 53, 57, 64, 66, 67, 68, 69, 75, 79, 80, 94, 100
Bayle, Pierre 33, 94
Bayreuth 13, 15, 94
Becher, Johann Joachim 6, 71
Becher, U. A. J. 55, 73

Beck, Christian August 7, 71
Becmann, Christoph 38
Belgien (vgl. Niederlande, südliche) 94
Benediktiner (OSB) 3, 4, 6, 7, 10, 11, 17, 45, 53, 63, 67, 91, 93, 98
Bengel, Johann Albrecht 16
Bentzel, Anselm Franz von 18
Berg, Franz 11, 92
Berg, Herzogtum 17
Berlin 9, 27, 36, 37, 38, 40, 41, 42, 43, 44, 45, 46, 58, 60, 63, 64, 65, 66, 67, 68, 69, 72, 73, 74, 78, 79, 83, 84, 90, 94, 95, 101
Bessel, Gottfried 7, 54
Bibra, Philipp Anton von 18
BIRCHER, M. 76
Birken, Sigmund von 14
BLANKE, H. W. 55, 102
Blumenbach, Johann Friedrich 29
BÖDEKER, H. E. 55
Bodmer, Johann Jakob 93
Boecler, Johann Heinrich 21
BOEHM, L. 50, 67
Boerhaave, Hermannus 8, 21, 29, 60, 61, 90, 93
Böhmen 6, 7, 8, 9, 46, 64, 85
Böhmer, Justus Henning 40, 54
Boie, Heinrich Christian 30
BÖNICKE, CH. 49
BÖNING, H. 87, 99
BONJOUR, E. 66, 93
Bonn 17, 18, 19, 57
BONSS, W. 75
BOOCKMANN, H. 50
Börner, Christian Friedrich 34
Bose, Andreas 32
Bossuet, Jacques Bénigne 94
Brandenburg, Mark 37, 83
Brandenburg-Bayreuth 13, 15
Brandenburg-Preußen (vgl. Preußen) 17, 30, 37, 38, 94
BRAUBACH, M. 51, 57
Braunschweig 23, 26, 27, 41, 47, 73, 74, 78, 82, 88
Braunschweig-Wolfenbüttel (vgl. Wolfenbüttel) 25, 26, 80
Breitinger, Johann Jakob 93
Bremen 24
Brentano, Familie 21
Breslau 3, 5, 37, 68, 77
Brieg (Schlesien) 5
Brockes, Barthold Heinrich 29, 68
BROCKMEIER, P. 93, 94
BRUCH, R. VOM 73
BRÜCK, A. PH. 81, 85
BRÜCKNER, J. 70, 73
BRÜGGEMANN, S. 83
Brünn 4, 62
BRUNNER, O. 5, 70, 101
Brüssel 6, 21, 64
Buda (Budapest) 3, 4
Buddeus, Johann Franz 33
Burghausen/Salzach 75
Burgsteinfurt (Westfalen) 22
BURKHARDT, J. 70, 73
BURSIAN, C. 50, 58, 97
Büsch, Johann Georg 30, 68, 73, 79
Büsching, Anton Friedrich 43, 79
Butjadingen (Oldenburg) 87
Bützow (Mecklenburg) 24, 72

Calixt, Georg 25, 53
Calixtinismus, Calixtiner 25, 31, 32, 38, 53, 58
Calov, Abraham 31
Calvinismus 22, 37
Campe, Joachim Heinrich 26, 27, 35, 79, 88
Canstein, Karl Hildebrand von 83
Carl August, Herzog von Sachsen-Weimar 35
Carmer, Johann Heinrich Casimir von 64
Carpzov, Familie 31
Cartesianismus 37, 38, 53, 91, 92
CASSIRER, E. 70, 92
Cellarius, Christoph 97
China 98
Cicero, Marcus Tullius 96
Clauberg, Johannes 37
Claudius, Matthias 30, 98
Clausthal/Harz 74
Clemens XIV., Papst 3, 80
Cobenzl, Ludwig von 20
Coburg 30
Coccejanismus 38, 53, 92
Cocceji, Heinrich 41
Cocceji, Samuel 41
Coccejus, Johannes 37

Colloredo, Hieronymus von, Fürsterzbischof von Salzburg 12
Comenius, Jan Amos 82
Condorcet, Antoine de 90
Conrads, N. 64, 91
Conring, Hermann 25, 32, 45, 51, 53, 61, 71, 102
Conze, W. 101
Cook, James 19
Coreth, A. 63, 102
Cramer, Johann Andreas 29
Crollius, Georg Christian 20, 79
Crollius, Johann Philipp 20, 79
Csaky-Loebenstein, E.-M. 91

Dänemark 29
Dalberg, Karl Theodor von 19, 67
Dalberg, Wolfgang Heribert von 20
Dambacher, I. 73
Dannenmayer, Matthias 6, 8, 58
Darjes, Joachim Georg 41, 70, 72, 80
Darmstadt 22, 23, 68
DDR 51
Deisten 92
Demel, B. 81
Denkendorf (Württemberg) 16
Denzer, H. 53
Descartes, René (vgl. Cartesianismus) 32, 37
Desing, Anselm 67
Desné, R. 93
Dessau 29, 31, 34, 35, 78, 79, 80, 97, 100
Dickerhof, H. 52, 53, 57, 65, 66, 67, 69, 73, 75, 80, 90
Diderot, Denis 94
Diepgen, P. 60
Dietelmeier, Johann Augustin 14
Dilherr, Johann Michael 14
Dillingen/Donau 9, 11
Dilthey, W. 65, 92, 94, 95, 96
Dithmar, Justus Christoph 72
Dittrich, E. 70, 73
Dobner, Felix Gelasius 6, 68, 95
Dobrovsky, Josef 6, 68, 95
Döderlein, Johann Christoph 14, 33
Dohm, Christian Wilhelm von 24, 73
Doney, J. Ch. 86
Drehberg (Anhalt) 35, 97
Dreier, Christian 38
Dresden 30
Duhr, B. 79
Duisburg 37, 50, 53
Dülmen, R. van 68, 69
Düsseldorf 17, 68
Du Ry, Simon Louis 23

Ebel, W. 55
Eckermann, Jakob Christoph Rudolf 29
école française 91
Ehingen/Donau 10
Ellwangen/Jagst 10
Elsaß 21, 43, 94
Emkendorf (Schleswig-Holstein) 30
Engelbrecht, Georg 25
Engelbrecht, H. 79, 84, 85, 86, 89
Engelsing, R. 87
England 29, 34, 38, 44, 46, 48, 65, 87, 89, 91, 92, 94, 102
Ensdorf (Oberpfalz) 67
Enzyklopädisten 43, 92
Episkopalismus 18, 58
Erfurt 17, 19, 30, 46, 64, 65, 67, 72, 86
Erlangen 13, 15, 41, 72
Erlinghagen, K. 52, 90, 102
Ernesti, Johann August 34
Ernestiner (Wettiner) 30, 31, 32, 36
Ernst der Fromme, Herzog von Sachsen-Gotha 32, 78, 82
Ernst II., Herzog von Sachsen-Gotha 35
Erthal, Franz Ludwig von, Fürstbischof von Würzburg 12, 60, 85
Espen, Zeger Bernhard van 7
Estor, Johann Georg 23
Eßlingen 13
Ettal (Oberbayern) 10
Eugen von Savoyen (Prinz Eugen) 6
Eulenburg, F. 61, 62, 81
Euler, Leonhard 43, 66, 90, 93, 95
Eulner, H.-H. 61
Eutin 29, 79
Ex-Jesuiten 11, 80

Febronianismus 18
Febronius, Justinus (Hontheim, Johann Nikolaus) 18, 58

Feder, Johann Georg Heinrich 29
Felbiger, Johann Ignaz 6, 8, 37, 64, 84, 85, 86, 88
Fénelon, François de Salignac de la Mothe 94
FERTIG, L. 81, 82
Fichte, Johann Gottlieb 36
FIEGERT, M. 86
FINSTER, R. 63, 90
Fischer von Erlach, Johann Bernhard 6
FLITNER, W. 79, 82
Florenz 90
Flottwell, Cölestin Christian 42
Forster, Frobenius 11
Forster, Georg 19, 23
Francke, August Hermann 29, 31, 39, 40, 41, 42, 58, 82, 83
FRANÇOIS, E. 87
Franken 9, 11, 12, 13, 14, 15
Frankfurt/Main 21, 22, 31, 68, 77, 90
Frankfurt/Oder 37, 39, 41, 50, 53, 54, 72
Frankreich 5, 7, 15, 17, 18, 19, 20, 21, 33, 38, 43, 44, 46, 48, 53, 63, 64, 65, 68, 69, 87, 89, 90, 91, 92, 93, 94, 95, 96, 101, 102, 103
Franz I., Kaiser (Franz Stephan von Lothringen) 5, 94
Franz II., Kaiser (Franz I. von Österreich) 9
Franz von Anhalt-Dessau (vgl. Leopold III. Friedrich Franz) 34, 80
FRANZ, G. 81
Franziskaner 19
Freiberg (Sachsen) 74
Freiburg/Breisgau 3, 4, 6, 57, 62, 72
Freimaurerei 5
FREYH, A. 67, 86
Fried, Johann Jakob 61
Friedrich II., der Große, König von Preußen 15, 23, 37, 40, 43, 46, 68, 78, 80, 82, 83, 84, 92, 93, 94, 95, 96, 99
Friedrich III./I., Kurfürst von Brandenburg, König in Preußen 38, 42
Friedrich Wilhelm, der Große Kurfürst von Brandenburg 37, 38
Friedrich Wilhelm I., König in Preußen 40, 41, 42, 60, 72, 83
Friedrich Wilhelm II., König von Preußen 43
Friedrich Wilhelm III., König von Preußen 71
Friedrich II., Landgraf von Hessen-Kassel 23, 24
FRIJHOFF, W. T. M. 61, 62, 81, 93
FRITZE, R. 74
FUCHS, P. 66, 97
Fulda 17, 18, 50
Fürstenberg, Ferdinand von, Fürstbischof von Paderborn 18
Fürstenberg, Franz von 18, 19, 64, 85

Gabler, Johann Philipp 14
GAEHTGENS, T. W. 96, 97
Galen, Claudius 52, 60
Galilei, Galileo 90
GALL, L. 77
Gallikanismus 7, 18
GARBER, J. 73
GARBER, K. 69, 97, 101, 102
Garve, Christian 68, 77
Gasser, Simon Peter 72
Gatterer, Johann Christoph 28, 29, 56, 58
GAWLIK, G. 94
Gebauer, Georg Christian 28, 29
GEIGER, L. 94
Gellert, Christian Fürchtegott 31, 33, 34, 76, 99
Gemeiner, Carl Theodor 68
Genf 93
Gerbert, Martin 7, 54, 67
Gesner, Johann Matthias 28, 58, 79, 97
Gessner, Salomon 93
Gießen 22, 23, 66, 72
Giftschütz, Franz 8
Gmelin, Familie 15
Goethe, Johann Kaspar 21, 91
Goethe, Johann Wolfgang 20, 21, 34, 35, 36, 47, 63, 64, 69, 91, 93, 96, 97, 99, 100
Goeze, Johann Melchior 27
GÖRES, J. 91

Gotha (Sachsen-Gotha) 12, 31, 32, 35, 46, 78, 79, 82, 86, 100
Göttingen 14, 15, 18, 21, 24, 25, 26, 27, 28, 29, 30, 38, 40, 41, 42, 44, 45, 46, 49, 50, 51, 55, 56, 57, 58, 61, 62, 64, 65, 66, 67, 72, 73, 79, 90, 94, 95, 97, 99, 102, 103
Gottorf (Holstein-Gottorf) 29
Gottsched, Johann Christoph 31, 33, 34, 42, 70, 76, 88, 94, 99
Gottsched, Luise Adelgunde Victoria (Gottschedin) 89
Göttweig (Niederösterreich) 4, 7, 45
Grandidier, Philippe-André 18
Graz 3, 4, 5, 57, 62
Greifswald 24, 25, 51
GRESCHAT, M. 58, 92
Griechen 96, 98
GRIMM, G. 80, 88
GRIMM, G. E. 89
Grimma (Sachsen) 30
GROLLE, J. 55, 66
Grotius, Hugo 53, 93
Gundling, Johann Paul 43
Gundling, Nikolaus Hieronymus 40, 54
Gustav III., König von Schweden 25

HAASS, R. 51
Habsburger 3, 4, 7, 8, 9, 57, 75, 78, 80, 84, 89, 90, 94, 95, 96, 100
Haeberlin, Carl Friedrich 26
Haeberlin, Franz Dominikus 26
Han, Anton de 60
HALL, A. R. 59, 90
Halle/Saale 7, 15, 23, 27, 30, 31, 33, 37, 38, 39, 40, 41, 44, 45, 46, 49, 51, 52, 53, 54, 55, 57, 58, 60, 61, 62, 65, 69, 71, 72, 73, 78, 82, 83, 84, 89, 92, 95, 96, 97, 98, 100, 102, 103
Haller, Albrecht von 28, 61, 64, 65, 66, 67, 93, 103
HAMANN, G. 63
Hamburg 24, 27, 29, 30, 31, 68, 73, 75, 79
Hamm (Westfalen) 37
HAMMER, K. 53, 56, 63, 67, 69, 91, 93, 94
HAMMERMAYER, L. 50, 53, 57, 65, 66, 67, 68, 69, 91, 93
HAMMERSTEIN, N. 44, 49, 50, 53, 54, 55, 56, 57, 58, 59, 63, 65, 67, 69, 70, 73, 90, 92, 96, 98, 101, 102, 103
Hanau 22, 73
Hannover (vgl. Kurhannover) 26, 27, 29, 64
HANSCHMIDT, A. 57, 86, 99
Hansestädte 24, 77
HARNACK, A. VON 63, 65, 67, 90, 95
Harsdörffer, Georg Philipp 14
HARTMANN, F. 65, 66, 67, 68
Hartzheim, Josef 18
Haugwitz, Friedrich Wilhelm 7
Hecker, Johann Julius 40, 83, 84
Heeren, Arnold Hermann Ludwig 28, 29, 56, 58
HEGEL, E. 81, 85
Hegel, Georg Wilhelm Friedrich 16, 36
Heidelberg 17, 19, 20, 53, 74
Heilbronn 13
Heineccius, Gottlieb 41
HEINEMANN, M. 80, 81, 84, 85, 87, 88, 89
HEISS, G. 85
Helmstedt 24, 25, 26, 31, 32, 53, 71
HENTSCHEL, V. 73
Herborn 22
Herder, Johann Gottfried 21, 35, 47, 63, 95
Herrgott, Marquard 7, 54
HERRLITZ, H.-G. 50
HERRMANN, U. 76, 78, 79
HERSCHE, P. 53, 78, 88, 91, 94
Hertzberg, Ewald Friedrich von 43, 64, 72
Hessen-Darmstadt, Landgrafschaft (vgl. Darmstadt) 22, 23
Hessen-Kassel, Landgrafschaft (vgl. Kassel) 22, 23, 26, 80
Heumann von Teutschenbrunn, Johann 14
HEUVEL, G. VAN DEN 63, 90
Heyne, Christian Gottlob 28, 58, 65, 79, 97
Hildesheim 24
HINRICHS, C. 42, 78, 82, 84, 102
HINRICHS, E. 86, 87, 89, 100

HINSKE, N. 51
HIRSCH, E. 79, 97
Historismus 45, 55, 56, 59, 98
Hobbes, Thomas 93
Hoffmann, Familie 15
Hoffmann, Friedrich 41, 60
Hoffmann, Gottfried Daniel 15
HOFFMANN, J. 73
Hohberg, Wolf Helmhard von 5
Hohenzollern 39
Hölderlin, Friedrich 16
Holland (vgl. Niederlande, nördliche) 6, 91
Holstein, Schleswig-Holstein 29
Hölty, Ludwig 30
Homann, Johann Baptist 14
Homer 29
Hontheim, Johann Nikolaus (Febronius, Justinus) 18, 58
Hörnick, Philipp Wilhelm 6, 71
HUBENSTEINER, B. 91, 102
HUBRIG, H. 75
Hugenotten 94
Hüls, Heinrich 37
Humboldt, Wilhelm von 36, 46, 58, 67, 80
Hume, David 93, 94
Hund, Martin 37

Ickstatt, Johann Adam 10, 11, 23, 57, 70
Idealismus 9, 36, 45, 96, 98, 101
Illuminaten 12
IM HOF, U. 69, 93
INGEN, F. VAN 76
Ingolstadt 9, 10, 11, 12, 45, 49, 57, 62, 66, 72, 75
INGRAO, CH. W. 74, 80
Innsbruck 3, 4, 62, 72
Iphigenie 36, 97, 98
Irenik 13, 25, 27, 33, 58
Iselin, Isaak 93
Italien 5, 7, 12, 21, 36, 44, 89, 91, 92, 94, 97, 102
Italiener 5

Jablonski, Paul Ernst 38
Jacobi, Friedrich Heinrich 68
JÄHNS, M. 50
Jakobiner 19
Jansenismus, Spätjansenismus 5, 7, 12, 53, 91, 94
JEISMANN, K.-E. 81, 82, 88
Jena 30, 32, 33, 36, 42, 51, 53, 54, 62, 72, 79
Jerusalem, Johann Friedrich Wilhelm 26
Jesuiten, Gesellschaft Jesu (SJ) 3, 4, 5, 9, 10, 13, 17, 18, 19, 24, 45, 52, 53, 66, 77, 79, 80, 84, 90, 93, 96, 98, 102
Joachimsthal (Brandenburg) 37
Jöcher, Christian Gottlieb 33
Joseph II., Kaiser 4, 6, 7, 8, 9, 12, 45, 47, 57, 59, 60, 62, 71, 81, 85, 89, 90, 95
Josephinismus (vgl. Spätjosephinismus) 4, 6, 7, 8, 9, 12, 18, 45, 47, 57, 59, 62, 76, 78, 89, 95, 100
Juden 43, 89
JULIA, D. 61, 62
Juncker, Johann 41
Jung-Stilling, Johann Heinrich 20, 73
Jungius, Joachim 24
JUSTI, C. 96, 97
Justi, Johann Heinrich Gottlob 6, 8, 72, 73, 80

Kaestner, Abraham Gotthelf 29
Kaiserslautern 20, 23, 73, 74, 75, 82
KALOUSEK, J. 68
KANN, R. A. 73
Kant, Immanuel 11, 42, 43, 48, 88, 99
KANTHAK, G. 63
Kantianismus 11, 36, 42
Karl VI., Kaiser 6
Karl I., Herzog von Braunschweig-Wolfenbüttel 26
Karl, Landgraf von Hessen-Kassel 23
Karl Alexander, Herzog von Lothringen 6
Karl Eugen, Herzog von Württemberg 15, 16
Karl Friedrich, Markgraf von Baden 20
Karl Theodor, Kurfürst von Pfalz-Bayern 12, 19, 20

Karl Wilhelm Ferdinand, Herzog von Braunschweig-Wolfenbüttel 26
Karlsruhe 20, 94
Karsch, Anna Louisa („Karschin") 89
Kassel 22, 23, 24, 73, 74, 80, 82
Katholizismus 6, 7, 12, 18, 32, 45, 52, 58, 78, 84, 86, 91
Kaunitz, Wenzel Anton von 5, 7, 92
Kennedy, Ildephons 11, 67, 68
Kiel 24, 29, 72
Kiesel, H. 76, 88
Kindermann, Ferdinand, Ritter von Schulstein 8, 9, 85
Kink, R. 57
Kircher, Athanasius 17
Klagenfurt 5, 72
Klaj, Johann 14
Klassizismus 97, 98
Klein, Ernst Ferdinand 44, 64
Klingenstein, G. 58, 62, 80, 88, 91, 92
Klippel, D. 93
Klopstock, Friedrich Gottlieb 6, 30, 76, 88
Klüber, Johann Ludwig 15
Klueting, H. 72, 73
Knigge, Adolph von 12
Knutzen, Martin 42, 70
Koch, Christoph Wilhelm 21, 56, 57, 72
Köhler, Johann David 14, 28, 58
Kolb, A. 50
Köln (vgl. Kurköln) 17, 18, 62, 67
Königsberg 37, 38, 41, 42, 62, 72, 96, 99
Konstanz 10, 13
Kopitzsch, F. 68, 75, 79
Korff, H. A. 94
Kortholt, Christian 29
Koselleck, R. 101
Köthen (Anhalt-Köthen) 31
Kovacs, E. 78
Kraus, A. 53, 58, 63, 65, 66, 67, 68, 91, 94, 97, 101
Kraus, Christian Jakob 42, 72
Kremsmünster (Oberösterreich) 4, 5, 103
Kryptocalvinismus 13
Kuhlenkamp, A. 74
Kühlmann, W. 101
Kunisch, J. 94, 95, 96
Kurbayern (vgl. Bayern) 9, 10, 11, 12, 17, 50, 52, 53, 57, 64, 66, 67, 68, 69, 75, 79, 80, 94, 100
Kurhannover (vgl. Hannover) 24, 26, 27, 64
Kurköln (vgl. Köln) 17, 85
Kurmainz (vgl. Mainz) 17, 19, 30, 31, 64, 86
Kurpfalz (vgl. Rheinpfalz) 17, 19, 20, 64
Kurrus, T. 52
Kursachsen (vgl. Sachsen) 30, 31, 34, 38, 71, 77
Kurtrier (vgl. Trier) 17

La Roche, Familie 21
Laibach (Slowenien) 5
Lambeck, Peter 6
Lambert, Johann Heinrich 43, 66, 90
Lamey, Andreas 20, 67
Landsberg, E. 55
Latermann, Johann 38
Laufs, A. 68
Lavater, Johann Kaspar 93
Leder, K. 50, 78, 86
Legipont, Oliver 67
Leibniz, Gottfried Wilhelm 6, 14, 26, 27, 32, 38, 42, 45, 46, 47, 51, 54, 60, 63, 64, 65, 67, 70, 79, 90, 96, 99, 102
Leiden 8, 21, 37, 60, 91, 92, 93
Leipzig 7, 21, 22, 25, 30, 31, 33, 34, 38, 39, 51, 53, 54, 62, 72, 76, 88, 90, 94
Lemberg 3, 4
Lengenfelder, B. 86
Leopold I., Kaiser 5, 14
Leopold III. Friedrich Franz, Fürst von Anhalt-Dessau (Franz von Anhalt-Dessau) 34, 80
Lersner, Achilles August von 68
Lesch, K. J. 59
Lesky, E. 60, 90, 92, 93, 95
Lesnensis, Johannes Placentius 37
Lessing, Gotthold Ephraim 27, 29, 30, 31, 47, 51, 76, 88, 92, 99

Lichtenberg, Georg Christoph 29
LIEBURG, M. J. VAN 93
LIEDTKE, M. 79, 89
Liegnitz 5
Lincker, Johann Daniel Christoph von 64
Lingen/Ems 37
LINK, CH. 55
Linz/Donau 4, 5
Lippert, Johann Kaspar 12
Lipsianismus (vgl. Neostoizismus) 53, 57, 92, 93
Lipsius, Justus 93
Lochstein, Veremund von (Osterwald, Peter von) 11, 64
Locke, John 93, 94
Loder, Justus Christian 36
Lombardei 92
London 42, 63, 66, 90
LOOS, F. 50, 55
Loosdorf (Niederösterreich) 5
LOOSE, H.-D. 68
Lori, Johann Georg 11, 64, 67
Lothringen 6, 94
Löwen 3, 4, 7
Lübeck 24, 29
Ludewig, Johann Peter 40, 54
Ludwig XIV., König von Frankreich 17
Ludwigsburg 15
LUIG, K. 71
LUKACS, L. 53
Lund (Schweden) 53
Lüneburg 24
Luther, Martin 31, 33, 83, 86
Luthertum 13, 15, 25, 30, 32, 33, 37, 38, 78

Mabillon, Jean 7, 53
Machiavelli, Niccolò 93
Machiavellismus 93
MAGDELAINE, M. 94
MAGER, I. 53
MAIER, H. 70, 101
Mailand 5
Mainz (vgl. Kurmainz) 17, 18, 19, 23, 45, 47, 57, 62, 72
MANN, G. 68, 77
Mannheim 17, 19, 20, 21, 45, 46, 54, 64, 66, 67, 94, 97
Marburg 22, 23, 40
Maria Theresia, Kaiserin 6, 8, 47, 57, 60, 72, 74, 80, 84, 85, 89, 92, 93, 95
MARTENS, W. 51, 76, 88, 89, 94
Martini, Karl Anton 6, 8
Mascov, Johann Jakob 33
MASS, E. 92, 94
MATHY, H. 57
Maupertuis, Pierre-Louis Moreau de 43, 66, 67, 90
MAURER, M. 91, 94
Mauriner 7, 45, 53, 63, 91
Mauvillon, Jakob 24, 26, 73
MAX, F. R. 89
Max III. Joseph, Kurfürst von Bayern 10, 11
Mayer, Johann Christian 15
Mayer, Tobias 29
Mecklenburg 24, 72
Mecklenburg-Schwerin 24
MEDERER, J. N. 49
MEINECKE, F. 55, 66, 95, 96, 97
Meiners, Christoph 29, 49
MEINHOLD, P. 59
Meißen 30
Melanchthon, Philipp (vgl. Philippismus) 31, 45, 96, 98
Melk (Niederösterreich) 4, 7, 45, 103
MELTON, J. V. H. 62, 78, 81, 84, 85, 86, 87, 100, 101
Mencke, Johann Burkhard 33
Mencke, Otto 33
Mendelssohn, Moses 43, 68, 89
MENZEL, B. F. 59
MERVAUD, CHR. 94, 95, 96
MERZBACHER, F. 60
Metternich, Clemens Wenzel Lothar 20
Mevius, David 25
MEYEN, F. 74
MEYER-STEINEG, T. 60
Michaelis, Johann David 28
MODÉER, K. A. 51, 53, 93
MOELLER, B. 50
MÖLLER, H. 53, 56, 64, 66, 67, 68, 69, 71, 76, 77, 81, 86, 87, 88, 89, 91, 92, 94, 99, 101
Molsheim (Elsaß) 17

Mönch, W. 94, 95, 96
Montesquieu, Charles de 93, 97
Montgelas, Maximilian von 12, 20
Monzambano, Severinus von (Pufendorf, Samuel) 19
Moraw, P. 50, 62, 63, 66, 98, 101
Mortier, R. 94
Moser, Friedrich Carl 23, 68
Moser, Johann Jakob 16, 23, 28, 68, 73
Möser, Justus 30, 66, 68, 77
Mosheim, Johann Lorenz 26, 28, 34, 58
Mühl, W. A. 50
Muhlack, U. 56, 58, 67, 94, 96, 97, 98, 101, 102, 103
Mühlpfordt, G. 50, 72
Müller, H.-H. 65, 66, 67, 73, 75
Müller, Johannes von 19, 23, 66, 93
Müller, R. A. 50, 57, 69, 80
Müller, Wi. 57, 80
Müller, Wo. 67, 99
Münch, P. 76, 88
München 9, 10, 12, 20, 45, 46, 54, 64, 65, 66, 67, 68, 97, 100
Münchhausen, Gerlach Adolph von 27, 28
Münster/Westfalen 17, 18, 19, 30, 47, 57, 64, 85, 86, 98
Muratori, Ludovico Antonio 7, 12, 91, 94
Murrhardt (Württemberg) 16
Musäus, Johann 32
Myslenta, Cölestin 38

Nahl, Johann August 23
Napoleon Bonaparte 101
Nassau 22
Neller, Georg Christoph 18, 58
Neologie 14, 15, 26, 33, 58
Neostoizismus, Neustoizismus (vgl. Lipsianismus) 53, 54, 91, 92
Neuendorf, Carl Gottfried 34
Neugebauer, W. 72, 83, 86
Neuhumanismus 9, 36, 45, 96, 98, 101
Newton, Isaac 90
Nicolai, Friedrich 43, 44, 66, 68
Niederlande, nördliche (Holland) 22, 37, 48, 53, 89, 91, 92, 93, 94
Niederlande, südliche (österreichische, vgl. Belgien) 3, 6, 7, 18, 91, 94
Niederländische Bewegung 38, 53, 91
Niederrhein 17
Niethammer, Friedrich Immanuel 36
Norden, W. 86, 87
Nürnberg 13, 14, 31, 68, 78, 86

Oberrhein 17, 20, 21
Oberthür, Franz 11, 77
Oestreich, G. 38, 53, 91, 92, 93
Oetinger, Friedrich Christoph 16
Ofen (Buda) 3
Oldenburg 86, 87, 100
Olearius, Johann 34
Olmütz 3, 4, 5, 6, 62, 67, 95, 96
Opstraet, Jan 7
Oranier 37
Orthodoxie 13, 14, 24, 27, 31, 32, 33, 34, 38, 46, 53, 58, 86, 95
Ortner, J. P. 63
Osiander, Familie 15
Osnabrück 17, 24, 30, 68, 77
Osse, Melchior von 71
Osterloh, K.-H. 73, 76
Österreich, österreichische Länder, habsburgische Länder 3, 4, 5, 6, 7, 8, 9, 10, 12, 17, 18, 19, 31, 41, 45, 46, 47, 53, 56, 57, 59, 62, 73, 75, 76, 78, 79, 80, 84, 85, 92, 100, 101
Osterwald, Peter von (Lochstein, Veremund von) 11, 64
Ostfriesland 83
Overberg, Bernard 19, 64, 85

Pachtler, G. M. 53
Paderborn 17, 18
Pandel, H.-J. 51, 59
Pape, M. 66, 93
Paris 34, 42, 63, 64, 66, 90, 91
Passau 12
Paulsen, F. 50, 79, 96
Paulus, Heinrich Eberhard Gottlob 33, 36
Pavia 92
Pelzel, Franz Martin 6, 95

PESTER, T. 50
Pez, Bernhard 7, 54
Pez, Hieronymus 7, 54
Pfaff, Christoph Matthäus 15
Pfalz-Neuburg 17, 19
Pfalz-Zweibrücken (vgl. Zweibrükken) 20
Pfeiffer, Johann Friedrich 72
PFEILSCHIFTER, G. 67
Philanthropismus (Philanthropinismus) 26, 27, 47, 93
Philippismus (vgl. Melanchthon, Philipp) 13
Physiokraten 20, 23, 24, 26, 73
Piaristen 4, 6, 80
PICK, E. 57
Pietisten, Pietismus 7, 14, 15, 16, 22, 23, 24, 26, 27, 31, 34, 38, 39, 40, 41, 46, 58, 60, 78, 79, 82, 83, 84, 86, 88, 95
POLLER, O. 74
Polling (Oberbayern) 11
POSCH, A. 57
Potsdam 44, 46, 84, 94
Prag 3, 4, 6, 7, 46, 65, 68, 72, 76, 95
PRESS, V. 52, 62, 66, 98, 101
Preußen (vgl. Brandenburg-Preußen) 8, 15, 17, 23, 24, 30, 31, 37, 38, 40, 41, 42, 43, 44, 45, 46, 47, 50, 54, 60, 64, 69, 71, 72, 73, 78, 79, 80, 81, 82, 83, 84, 85, 92, 94, 96, 98, 100, 101
Prielmeier, Korbinian von 52
PROBST, CH. 60
Pufendorf, Samuel (Monzambano, Severinus von) 19, 32, 38, 47, 51, 53, 54, 63, 70, 93, 99
Pütter, Johann Stephan 18, 23, 28, 55, 56

QUARTHAL, F. 62

RAAB, H. 58
RAABE, P. 63, 68, 77, 103
RAIMONDI, E. 67
RASSEM, M. 58, 71, 72
Ratich, Wolfgang (Ratke, Wolfgang) 82
Rationalismus 14, 15, 33, 98
Ratke, Wolfgang (Ratich, Wolfgang) 82
Rautenstrauch, Franz Stephan 6, 34, 59, 64
REBLE, A. 78, 88, 102
Rechenberg, Adam 34
RECKTENWALD, H. C. 50
Reformkatholizismus 12, 78, 86, 91
Regensburg 10, 11, 67, 68
Reichsstädte 13, 14, 17, 20, 68, 77
REILL, P. H. 55, 56, 102
Reimarus, Hermann Samuel 29, 68, 79, 92
Reimarus, Johann Albert Hinrich (Reimarus junior) 30
REINALTER, H. 73
Reinhold, Karl Leonhard 36, 42
Reuß, Maternus 11, 42
Reutlingen 13
REVEL, J. 61, 62
Rheinpfalz 20
RICHARZ, M. 89
Richter, Christian Friedrich 41
Riegger, Paul Joseph 6, 8
Rinteln/Weser 22, 23, 50, 72
RISSE, W. 52
RODEN, G. VON 50
Roederer, Johann Georg 61
Rokoko 97
Rom 90, 91, 97
Romania 5, 48, 94, 95
Romantik 36
Römer 96
Rostock 24, 51
ROTTENBURGER JAHRBUCH 57, 67, 92
Rousseau, Jean Jacques 34, 93
Royas y Spinola, Christoph de 6, 71
RÜBBERT, R. 75
RUBLACK, H.-CH. 81
Rußland 95
RÜTER, W. 85, 89

Sachsen (vgl. Kursachsen) 12, 30, 31, 32, 34, 35, 38, 46, 69, 71, 77, 78, 79, 82, 86, 100
Sachsen-Gotha (vgl. Gotha) 12, 32, 35, 46, 78, 79, 82, 86, 100
Sachsen-Weimar (vgl. Weimar) 35, 69, 97
Sack, Friedrich Wilhelm 43
Sagan (Niederschlesien) 84
Sagittarius, Caspar 32

Sailer, Johann Michael 11
Salzburg 4, 7, 10, 11, 12, 17, 50, 53, 57, 62, 94
Salzmann, Christian Gotthilf 35
Sanssouci (Potsdam) 44, 46
Saubert, Johannes 14
Sauder, G. 94, 95
Schäfer, Ph. 58
Schannat, Johann Friedrich 18
Schaumburg, Grafschaft 22
Scheel, G. 63
Schelling, Friedrich Wilhelm 16, 36
Schemnitz (Banská Stiavnica/Slowakei) 74, 96
Schenda, R. 87
Scherer, E. C. 51, 53, 59, 97, 101
Scherg, Th. J. 81, 85
Schiller, Friedrich 16, 20, 35, 36, 47, 63, 66, 93, 97, 99
Schilson, A. 92
Schilter, Johannes 21
Schindler, N. 75
Schindling, A. 57, 78, 80, 81, 84, 92, 93
Schlegel, August Wilhelm 36
Schlegel, Friedrich 36
Schlesien 5, 7, 8, 33, 37, 80, 84
Schleswig, Schleswig-Holstein 29, 79
Schlettwein, Johann August 23, 72
Schlieffen, Martin Ernst von 23
Schlözer, August Ludwig 28, 29, 55, 56, 58, 59, 90, 95
Schmauß, Johann Jakob 28, 55
Schmid, A. 68
Schmid, K. A. 79, 82, 96
Schmidt, H. 87
Schmidt, Michael Ignaz 6, 10, 58
Schmidt, P. 90
Schmidt, Philipp Anton 19
Schmidt, S. 52, 79, 95
Schmitt, H. 78, 80
Schnabel, F. 67
Schneider, Eulogius 19
Schneider, W. 74
Schneiders, W. 51, 70, 93, 103
Schnepfenthal (Thüringen) 35, 79
Schneppen, H. 93
Scholastik (vgl. Barockscholastik) 4, 10, 27, 31, 38, 39, 40, 47, 48, 52, 53, 66, 96, 102
Scholder, K. 59, 91
Schönborn, Friedrich Karl von, Fürstbischof von Bamberg und Würzburg 10
Schönborn, Johann Philipp von, Erzbischof von Mainz, Fürstbischof von Würzburg und Worms 10, 17
Schöpflin, Johann Daniel 6, 20, 21, 56, 64, 66, 67, 90
Schormann, G. 50
Schorn-Schütte, L. 81
Schotten 11
Schrader, W. 49
Schramm, P. E. 77
Schröckh, Johann Matthias 34, 58
Schröder, J. 68, 77
Schröder, Wilhelm 6, 71
Schubart, Christian Friedrich Daniel 16, 88
Schulhumanismus 47, 98
Schulpforta (Sachsen) 30
Schultz, Franz Albert 41
Schwaben 9, 10, 12, 13, 14, 16
Schwartz, P. 79, 81, 88
Schweden 24, 25
Schweinfurt 13, 14, 68
Schweiz 22, 28, 43, 48, 93
Schwinges, R. Ch. 62
Seckendorff, Veit Ludwig von 32, 38, 63, 71
Seibt, Karl Heinrich 6, 7, 76, 89
Seifert, A. 58, 71, 97
Seiler, Georg Friedrich 15
Selle, G. von 49
Semler, Johann Salomo 41, 58
Senckenberg, Heinrich Christian 21, 22, 68
Senckenberg, Johann Christian 21, 68, 77
Serben 96
Siebenbürgen (Transsylvanien) 33, 95
Siegert, R. 87, 99
Slawen 7, 95
Slowakei (Oberungarn) 95
Slowaken 95
Smith, Adam 42, 72, 93

Solitude (Stuttgart) 16
SOMMER, L. 70
Sömmerring, Samuel Thomas 19, 23
Sonnenfels, Joseph von 6, 7, 8, 47, 70, 72, 73, 76, 80, 88, 89
Sophie Charlotte, Kurfürstin von Brandenburg, Königin in Preußen 38
Spanien 5
SPARN, W. 58
Späthumanismus 25, 31, 57, 91, 101, 103
Spätjansenismus (vgl. Jansenismus) 5, 7, 12, 53, 91, 94
Spätjosephinismus (vgl. Josephinismus) 9, 46, 99
Spener, Philipp Jakob 38, 82
Speyer 17
Spiegel, Franz Wilhelm von 18
SPINDLER, M. 52, 102
Spinozismus 92
Spittler, Ludwig Timotheus 28, 29, 56, 66
Sporck, Franz Anton von 5
St. Blasien (Schwarzwald) 4, 7, 45, 67
St. Emmeram (Regensburg) 11, 67
St. Maur (Frankreich, vgl. Mauriner) 63
St. Petersburg 63, 95
STAGL, J. 58, 71, 72
Stahl, Georg Ernst 41, 60
Stattler, Benedikt 11
STEINHAGEN, H. 76
STEINHUBER, A. 90
Sterzinger, Ferdinand 11
Stiebritz, Johann Friedrich 72
STIEDA, W. 70, 73
STINTZING, R. 55
Stoerck, Anton 60
Stolberg, Friedrich Leopold von 30, 98
Stoll, Maximilian 60
STOLLEIS, M. 51, 53, 55, 63, 68, 70, 71, 77, 91, 92, 93, 101, 102
STÖLZEL, A. 71
Straßburg 6, 17, 18, 20, 21, 45, 53, 56, 57, 61, 62, 64, 66, 72, 92, 94
Strimensius, Samuel 38
Struve, Georg Adam 32
Stryk, Samuel 39, 54
STUDIA LEIBNITIANA 51, 63
STUKE, H. 92, 99
Sturm, Johannes 45, 96, 98
Sturm und Drang 21, 30, 76, 88, 99
Stuttgart 13, 15, 16, 68, 73, 74, 82, 89
SUDHOF, S. 98
SUDHOFF, K. 60
Superville, Daniel von 15
Süßmilch, Johann Peter 43, 72, 83
Svarez, Carl Gottlieb 44, 64, 71
Swieten, Gerard van 6, 8, 60, 61, 64, 93
Swieten, Gottfried van 6, 64, 85

Taunus 22
TAUTSCHER, A. 70
Tell, Wilhelm 93
Territorialismus, territorialistisches Staatskirchenrecht 8, 11, 38, 40, 41
THADDEN, R. VON 94
Theatiner-Chorherren 11
Theresianismus (vgl. Maria Theresia) 6, 8, 47, 57, 72, 74, 85, 89, 92, 93, 95
THOMANN, M. 70
Thomasius, Christian 31, 33, 39, 40, 41, 42, 46, 47, 51, 54, 57, 58, 70, 71, 76, 89, 92, 93, 99, 103
THORNDIKE, L. A. 59
Thüringen 30, 36, 79
Tischbein, Johann Heinrich 23
TOELLNER, R. 61, 66, 67, 90, 93, 103
Töpsl, Franz 11
Toskana 5
Trapp, Ernst Christian 27, 79
Treu, Christoph Jakob 14
TRIBE, K. 74
Trier (vgl. Kurtrier) 18
Trnava/Tyrnau (Slowakei) 3, 4
Tschechen 8, 95
Tübingen 13, 15, 16
TÜMMLER, H. 64, 69, 96, 97

UHLAND, R. 74, 80
Ulm 13
Ungarn 33
Unionismus 38, 53

VALENTIN, J. M. 52, 79
VALJAVEC, F. 78, 88, 92, 100
VIERHAUS, R. 51, 58, 65, 66, 67, 68, 74, 75, 93, 97
Vierthaler, Franz Michael 12
Voigt, Christian Gottlieb 36
Volckamer, Johann Georg 14
VOLK, O. 77
Voltaire, François-Marie Arouet 11, 15, 92, 93, 96
Vorderösterreich 13, 17
Vorpommern 24
Voss, Christian Daniel 73
VOSS, J. 53, 56, 57, 62, 63, 65, 66, 67, 69, 90, 91, 92, 93, 94
Voss, Johann Heinrich 29, 30, 79
VRIES, J. DE 52, 102

WAGNER, F. 59, 90
WAGNER, H. 91, 94
Walch, Christian Wilhelm Franz 28, 58
Walch, Johann Georg 33
WALLMANN, J. 53, 82
Waltershausen (Thüringen) 35
WANDRUSZKA, A. 60, 90, 91, 94
WANGERMANN, E. 58, 62, 81, 85
WASZEK, N. 70, 73, 74, 75
WEGELE, F. X. VON 50
WEHLER, H.-U. 55
Weigel, Erhard 31, 32, 52, 53, 79, 89
Weimar (Sachsen-Weimar) 30, 31, 35, 36, 48, 63, 64, 69, 80, 96, 97, 98, 100
Weimarer Klassik 36, 63, 80, 96, 100
Weishaupt, Adam 11, 12
Welfen 24, 25, 27, 30, 63
WELLENREUTHER, H. 50
WENDEHORST, A. 60
WERNER, K. 58, 101
Wessenbergianismus (Wessenberg, Ignaz Heinrich von) 13, 99
Westenrieder, Lorenz 11, 67
Westerwald 22
Westfalen 17, 22
Westpreußen 80
Wetterau 22
Wettiner (vgl. Ernestiner) 30, 31, 32, 36
Wetzlar 21, 22
WIEGELMANN, G. 87, 89, 100
Wieland, Christoph Martin 35, 63
Wien 3, 4, 5, 6, 7, 8, 9, 10, 45, 57, 60, 61, 63, 64, 71, 72, 74, 76, 78, 84, 85, 88, 93, 94, 100, 103
Wiener Neustadt 74
WIESE, B. VON 76
Wilhelmine von Bayreuth, Markgräfin 15, 92, 94
WILKE, J. 76, 88
Will, Georg Andreas 14, 49
WINAU, R. 68
Winckelmann, Johann Joachim 34, 48, 96, 97, 98, 99
WINKEL, H. 72
WINTER, E. 68, 76, 78, 85, 88, 89, 90, 93, 95, 99, 100, 102
Wismar 25
Wittenberg 25, 30, 31, 34, 38, 51, 62
WOESLER, W. 68, 77
Wolfenbüttel 24, 25, 26, 27, 30, 51, 63, 64, 80, 92, 103
Wolff, Christian 10, 23, 31, 32, 39, 40, 42, 51, 57, 60, 70, 76, 79, 89, 93, 98, 103
Wolffianer, Wolffianismus 23, 27, 33, 34, 40, 41, 42, 70
Wöllner, Johann Christoph 43
Wörlitz (Anhalt) 34, 97
Worms 18
WUNDERLICH, H. 91
WUNDT, M. 52, 70, 96, 102
Würdtwein, Stephan Alexander 18
Württemberg 13, 15, 16, 26, 77, 80
Würzburg 9, 10, 11, 12, 17, 18, 19, 42, 45, 47, 49, 57, 60, 62, 77, 85, 86, 92
Wyttenbach, Daniel 23

Zähringer 20
ZBLG 57
Zedler, Johann Heinrich 33
Zedlitz, Karl Abraham von 43, 81
ZEEDEN, E. W. 57
Zentner, Georg Friedrich 19
Zerbst (Anhalt) 30, 35
ZHF 56
ZIEGLER, W. 67
ZIELENZIGER, K. 70

ZIESSOW, K.-H. 76, 87, 88
Zincke, Georg Heinrich 26, 72, 73
Zirngibl, Roman 11, 68
ZLABINGER, E. 91, 94
Zweibrücken 20, 79, 94
Zwiefalten (Oberschwaben) 10

Enzyklopädie deutscher Geschichte

Themen und Autoren

Mittelalter

Demographie des Mittelalters / Neithard Bulst Agrarwirtschaft, Agrarverfassung und ländliche Gesellschaft im Mittelalter / Werner Rösener Adel, Rittertum und Ministerialität im Mittelalter / Thomas Zotz Die Stadt im Mittelalter / Franz Irsigler Armut im Mittelalter / Otto Gerhard Oexle Geschichte des Judentums im Mittelalter / Michael Toch	Gesellschaft
Wirtschaftlicher Wandel und Wirtschaftspolitik im Mittelalter / Ludolf Kuchenbuch	Wirtschaft
Die geistige Kultur bis zur Gründung der Universitäten in Deutschland / Johannes Fried Die geistige Kultur im Spätmittelalter / N.N. Die ritterlich-höfische Kultur des Mittelalters / Werner Paravicini Die materielle Kultur des Mittelalters / Hartmut Boockmann	Kultur, Alltag, Mentalitäten
Die mittelalterliche Kirche / Michael Borgolte Religiöse Bewegungen im Mittelalter / Matthias Werner Formen der Frömmigkeit im Mittelalter / Arnold Angenendt	Religion und Kirche
Die Germanen / Walter Pohl Die Slawen in der deutschen Geschichte des Mittelalters / Winfried Schich Das römische Erbe und das Merowingerreich / Reinhold Kaiser Das Karolingerreich / Peter Johanek Die Entstehung des deutschen Reiches / Joachim Ehlers Königtum und Königsherrschaft im 10. und 11. Jahrhundert / Egon Boshof Der Investiturstreit / Wilfried Hartmann König und Fürsten, Kaiser und Papst nach dem Wormser Konkordat / Bernhard Schimmelpfennig Deutschland und seine Nachbarn 1200–1500 / Dieter Berg Die kirchliche Krise des Spätmittelalters / Heribert Müller König, Reich und Reichsreform im Spätmittelalter / Karl-Friedrich Krieger Landesherrschaft, Territorien und Frühformen des modernen Staates / Ernst Schubert	Politik, Staat, Verfassung

Frühe Neuzeit

Bevölkerungsgeschichte und historische Demographie 1500–1800 / Christian Pfister Bauern zwischen Bauernkrieg und Dreißigjährigem Krieg / André Holenstein Bauern 1648–1806 / Werner Troßbach Adel in der Frühen Neuzeit / Rudolf Endres	Gesellschaft

Der frühneuzeitliche Hof / Rainer A. Müller
Die Stadt in der Frühen Neuzeit / Heinz Schilling
Armut, Unterschichten, Randgruppen in der Frühen Neuzeit / Wolfgang von Hippel
Unruhen in der ständischen Gesellschaft 1300–1800 / Peter Blickle
Geschichte des Judentums vom 16. bis zum Ende des 18. Jahrhunderts / Stefi Jersch-Wenzel

Wirtschaft

Die deutsche Wirtschaft im 16. Jahrhundert / Franz Mathis
Die Entwicklung der Wirtschaft im Zeitalter des Merkantilismus 1620–1800 / Rainer Gömmel
Landwirtschaft in der Frühen Neuzeit / Walter Achilles
Gewerbe in der Frühen Neuzeit / Wilfried Reininghaus
Handel und Verkehr, Banken und Versicherungen in der Frühen Neuzeit / Wolfgang Behringer

Kultur, Alltag, Mentalitäten

Medien in der Frühen Neuzeit / Erdmann Weyrauch
Bildung und Wissenschaft im 15. und 16. Jahrhundert / Notker Hammerstein
Bildung und Wissenschaft in der Frühen Neuzeit 1650–1800 / Anton Schindling
Die Aufklärung / N.N.
Lebenswelt und Kultur des Bürgertums in der Frühen Neuzeit / Bernd Roeck
Lebenswelt und Kultur der unterbürgerlichen Schichten in der Frühen Neuzeit / N.N.

Religion und Kirche

Die Reformation. Voraussetzungen und Durchsetzung / Bob Scribner
Konfessionalisierung im 16. Jahrhundert / Heinrich Richard Schmidt
Kirche, Staat und Gesellschaft im 17. und 18. Jahrhundert / Michael Maurer
Religiöse Bewegungen in der Frühen Neuzeit / Hans-Jürgen Goertz

Politik, Staat, Verfassung

Das Reich in der Frühen Neuzeit / Helmut Neuhaus
Landesherrschaft, Territorien und Staat in der Frühen Neuzeit / Winfried Schulze
Die Entwicklung der landständischen Verfassung / Franz Quarthal
Vom aufgeklärten Reformstaat zum bürokratischen Staatsabsolutismus / Walter Demel

Staatensystem, internationale Beziehungen

Das Reich im Kampf um die Hegemonie in Europa 1521–1648 / Alfred Kohler
Altes Reich und europäische Staatenwelt 1648–1806 / Heinz Duchhardt

19. und 20. Jahrhundert

Gesellschaft

Demographie des 19. und 20. Jahrhunderts / Josef Ehmer
Geschichte des deutschen Adels im 19. und 20. Jahrhundert / Heinz Reif
Geschichte der Familie im 19. und 20. Jahrhundert / Andreas Gestrich
Urbanisierung im 19. und 20. Jahrhundert / Klaus Tenfelde
Soziale Schichtung, soziale Mobilität und sozialer Protest im 19. und 20. Jahrhundert / Josef Mooser
Von der ständischen zur bürgerlichen Gesellschaft / Lothar Gall
Das Bürgertum im 19. und 20. Jahrhundert / Dieter Hein
Die Angestellten im 19. und 20. Jahrhundert / Günther Schulz

Die Arbeiterschaft im 19. und 20. Jahrhundert / Gerhard Schildt
Die Juden in Deutschland 1780–1918 / Shulamit Volkov
Geschichte des deutschen Judentums 1914–1945 / Moshe Zimmermann

Wirtschaft

Vorgeschichte, Verlauf und Charakter der deutschen industriellen Revolution / Hans-Werner Hahn
Die Entwicklung der Wirtschaft im 20. Jahrhundert / Wilfried Feldenkirchen
Agrarwirtschaft und ländliche Gesellschaft im 19. Jahrhundert / Hartmut Harnisch
Gewerbe und Industrie im 19. und 20. Jahrhundert / Toni Pierenkemper
Handel und Verkehr im 19. Jahrhundert / Karl Heinrich Kaufhold
Handel und Verkehr im 20. Jahrhundert / Horst A. Wessel
Banken und Versicherungen im 19. und 20. Jahrhundert / Eckhard Wandel
Staat und Wirtschaft im 19. Jahrhundert (bis 1914) / Rudolf Boch
Staat und Wirtschaft im 20. Jahrhundert / Gerold Ambrosius

Kultur, Alltag, Mentalitäten

Kultur, Bildung und Wissenschaft im 19. Jahrhundert / Rüdiger vom Bruch
Kultur, Bildung und Wissenschaft im 20. Jahrhundert / Horst Möller
Lebenswelt und Kultur des Bürgertums im 19. und 20. Jahrhundert / Dieter Langewiesche
Lebenswelt und Kultur der unterbürgerlichen Schichten im 19. und 20. Jahrhundert / Wolfgang Kaschuba

Religion und Kirche

Formen der Frömmigkeit in einer säkularisierten Gesellschaft / Werner K. Blessing
Kirche, Politik und Gesellschaft im 19. und 20. Jahrhundert / Gerhard Besier

Politik, Staat, Verfassung

Der Deutsche Bund und das politische System der Restauration 1815–1866 / Wolfram Siemann
Verfassungsstaat und Nationsbildung 1815–1871 / Elisabeth Fehrenbach
Die innere Entwicklung des Kaiserreichs / Hans-Peter Ullmann
Die innere Entwicklung der Weimarer Republik / Peter Steinbach
Das nationalsozialistische Herrschaftssystem / Ulrich v. Hehl
Die Bundesrepublik. Verfassung, Parlament und Parteien / Adolf M. Birke
Die Innenpolitik der Deutschen Demokratischen Republik / Günther Heydemann

Staatensystem, internationale Beziehungen

Die deutsche Frage und das europäische Staatensystem 1815–1871 / Anselm Doering-Manteuffel
Deutsche Außenpolitik 1871–1918 / Klaus Hildebrand
Die Außenpolitik der Weimarer Republik / Franz Knipping
Die Außenpolitik des Dritten Reiches / Marie-Luise Recker
Die Außenpolitik der Bundesrepublik Deutschland / Gregor Schöllgen
Die Außenpolitik der Deutschen Demokratischen Republik / Alexander Fischer

(Stand: November 1993)